La mort

Ouverture philosophique
Collection dirigée par
Dominique Chateau, Jean-Marc Lachaud et Bruno Péquignot

Une collection d'ouvrages qui se propose d'accueillir des travaux originaux sans exclusive d'écoles ou de thématiques.

Il s'agit de favoriser la confrontation de recherches et des réflexions, qu'elles soient le fait de philosophes « professionnels » ou non. On n'y confondra donc pas la philosophie avec une discipline académique ; elle est réputée être le fait de tous ceux qu'habite la passion de penser, qu'ils soient professeurs de philosophie, spécialistes des sciences humaines, sociales ou naturelles, ou… polisseurs de verres de lunettes astronomiques.

Dernières parutions

Julius BROWN JR, *Les racines philosophiques et bibliques du corps chez Spinoza*, 2019.
Angba Martin AMON, *La philosophie du droit*, 2019.
Guillaume WAGNER, *Monde de la vie : ego et communauté*, 2019.
Antoine MANGA BIHINA et Issoufou Soulé MOUCHILI NJIMOM (Dir.), *Le pluralisme des rationalités, Etat des lieux, débats et interrogations*, 2019.
Roberto MIGUELEZ, *Sur la rationalisation, Essais*, 2019.
Hamdou Rabby SY, *Déconstruire l'imposture identitaire, Humanisme et éthique de la déconstruction*, 2019.
Jean-Michel CHARRUE, *La philosophie néo-platonicienne de l'éducation, Hypatie, Plotin, Jamblique, Proclus*, 2019.
Komi KOUVON, *La responsabilité éthique dans les sociétés postcommunicationnelles*, 2019.
Nikos FOUFAS, *De la force et de la violence chez Thucydide*, 2019.
Christian MARTIN, *L'amour de l'art ou l'évanescence du discours,* 2019.
Lauréline CHRETIEN, *Amour libre et anarchie, La révolution sexuelle selon E. Armand*, 2019.

Gilbert Andrieu

La mort

Un mot qui empoisonne la vie

Du même auteur

AUX ÉDITIONS ACTIO

L'homme et la force. 1988.
L'éducation physique au XXe siècle. 1990.
Enjeux et débats en E.P. 1992.
À propos des finalités de l'éducation physique et sportive. 1994.
La gymnastique au XIXe siècle. 1997.
Du sport aristocratique au sport démocratique. 2002.

AUX PRESSES UNIVERSITAIRES DE BORDEAUX

Force et beauté. Histoire de l'esthétique en éducation physique aux 19e et 20e siècles. 1992.

AUX ÉDITIONS L'HARMATTAN

Les Jeux olympiques un mythe moderne. 2004.
Sport et spiritualité. 2009.
Sport et conquête de soi. 2009.
L'enseignement caché de la mythologie. 2012.
Au-delà des mots. 2012.
Les demi-dieux. 2013.
Œdipe sans complexe 2013.
Le choix d'Ulysse 2013.
Au-delà de la pensée 2013.
À la rencontre de Dionysos. 2014.
Être, paraître, disparaître. 2014.
La preuve par Zeus. 2014.
Pour comprendre la Théogonie d'Hésiode. 2014.
Jason le guérisseur au service d'Héra. 2014.
Héra reine du ciel. Suivi d'un essai sur le divin 2014.
Héphaïstos, le dieu boiteux 2015.
Perséphone reine des Enfers. Suivi d'un essai sur la mort. 2015.
Hermès pasteur de vie. 2016.
Apollon l'Hyperboréen. 2016.
Les deux Aphrodite. 2016.
Poséidon. 2017
Le sens de la vie. 2017
Athéna ou la Raison 2017
Éloge de la matière 2018
Paraître ou les fantasmes de l'être 2019

© L'Harmattan, 2019
5-7, rue de l'Ecole-Polytechnique, 75005 Paris

http://www.editions-harmattan.fr

ISBN : 978-2-343-17374-0
EAN : 9782343173740

UN OBJECTIF ILLUSOIRE

Depuis des milliers d'années, et bien davantage, l'homme a cherché à vivre aussi longtemps que possible, autrement dit à survivre en dominant toutes les difficultés qu'il rencontrait, qu'il soit isolé ou au sein d'un groupe. Il a toujours combattu pour exister et cet effort permanent a forgé un besoin qui ne pouvait que s'appuyer sur son imagination, sa capacité à forger des idées. Il s'est employé à prolonger ce qu'il prenait pour la vie en l'opposant à son contraire qu'il observait peut-être aussi souvent, autrement dit la mort. Il s'en est suivi un objectif d'abord inconscient, puis de plus en plus conscient ou soumis à des habitudes de réflexion, à savoir se doter de l'immortalité [1] !

Nous avons pris l'habitude d'en faire une qualité divine, une caractéristique des dieux, or cette association n'a pas toujours existé et l'homme a d'abord envisagé l'immortalité comme simplement opposée à la mort, nettement différente de ce qu'il connaissait de la vie, autrement dit : pas grand-chose[2]. Nos aînés étaient plongés dans l'instant et lorsqu'ils ont commencé à se sentir responsables de leur vie, ils ont aussi commencé à se sentir responsables de leur mort, à chercher à la combattre ou à lui échapper. Notons simplement que cela ne s'est pas fait en un jour, mais j'approfondirai peu à peu.

Pour retrouver les enjeux de cette époque ancienne, il faut surtout éviter de nous sentir responsables de tout, de la vie et de

---

[1] Je prends le terme méditer dans son sens le plus général qui consiste à être attentif, à porter son attention sur un objet particulier, ici la mort.
[2] Il ne faut pas confondre connaître et vivre ou expérimenter. L'homme n'a pas toujours pensé avant d'agir ou de subir.

la mort en particulier. Avant que l'homme ne devienne responsable de quoi que ce soit, il a fallu qu'il s'isole de l'ensemble dans lequel il se trouvait intégré malgré lui. Ce n'est pas lui qui a voulu apparaître en tant que forme particulière et si nous pouvons aujourd'hui évoquer une prise de conscience sur tout ce qui nous arrive, cela ne peut être attribué à nos ancêtres, même qualifiés d'homo sapiens. J'ai abordé le sujet dans *L'éloge de la matière*.

En le disant ainsi, cela semble exagéré, pour ne pas dire déraisonnable, mais il faut revenir en arrière, aussi loin que possible, pour comprendre que l'homme, avant même de connaître la raison, a navigué inlassablement entre la vie[3] et la mort, entre deux états dont un seul lui permettait d'essayer de connaître le monde et d'en tirer des leçons pour mieux vivre. Seule la vie lui permettait d'éprouver un sentiment de puissance. Il a dû ressentir une sorte de satisfaction renouvelée bien avant de craindre son anéantissement. La vie, il l'a vécue avec son corps, alors que la mort il l'a observée autour de lui. Sa propre expérience de la mort ne pouvait lui être d'aucune utilité ! Lorsqu'elle mettait fin à son voyage personnel, elle ne pouvait plus lui apprendre quoi que ce soit d'utile.

La mort pouvait dépendre d'une blessure, d'un accident, d'une mauvaise rencontre avec une espèce différente, inconnue ou seulement plus forte. Disons que l'homme a commencé par constater la mort et à tout faire pour ne pas la subir. L'immortalité pourrait alors être définie comme une simple absence de l'indésirable. Il est permis de penser que c'est cet indésirable qui l'a conduit à progresser, à utiliser toutes ses capacités ou ses forces pour dominer son environnement et toutes sortes de surprises. L'immortalité n'a pas pu représenter un objectif tant que l'homme s'est trouvé englué dans sa lutte pour survivre. Aussi peut-on dire qu'elle ne devint un objectif illusoire que plus tard.

L'homme n'a pu imaginer les dieux que le jour où il s'est isolé suffisamment du monde et a trouvé dans un dualisme utile un

---

[3] Pour moi la vie n'est ici qu'un mot utile qui fait référence à l'usage que nous en avons ordinairement. Le mot n'en donne pas une qualité particulière.

échange lui permettant de survivre plus efficacement. Lorsque Jean-Pierre Vernant nous dit que les dieux sont du monde[4], il nous rappelle qu'ils n'ont pas toujours existé comme des êtres particuliers, indépendants des hommes et du monde tel qu'ils pouvaient l'observer. Cette distinction des genres n'est venue que très tard et ne peut nous aider à imaginer les sentiments des premiers hommes. Par contre, l'extase que nous pouvons connaître devant un spectacle de la nature peut nous aider à comprendre leur ressenti devant le merveilleux qui ne devait pas manquer de se révéler autour d'eux. Leur vie n'était certainement pas qu'un tissu de difficultés ou de luttes sanglantes, de craintes et de défaillances. Ils se reproduisaient et dans l'acte spontané devaient connaître des moments de satisfaction comme il est possible d'en observer dans de nombreuses espèces auxquelles nous n'avons pas accordé l'art de penser ! Pourquoi n'auraient-ils pas connu, comme nous, de génération en génération, le plaisir de la victoire et plus encore les plaisirs de l'amour ?

Parler de survie ne revient pas à dire que la vie se soldait par une suite de réussites ou d'échecs, d'inquiétudes et de satisfactions, comme si tout ce que subissaient nos ancêtres ne pouvait être que désagréable, entraîner les pires souffrances et provoquer la mort. Des chercheurs se sont penchés bien avant moi sur l'existence de nos aînés et ont redonné à ces premiers hommes une qualité de vie qui méritait d'être rappelée. Les chasseurs du paléolithique comme les cueilleuses n'ont pas vécu en tremblant d'heure en heure. Ils ont aussi apprécié nombre d'objets, de situations, de rapports, d'actes à partir desquels ils ont commencé à se forger une mémoire. Plaisirs et déplaisirs furent les ferments de leurs progrès. Nos ancêtres n'ont pas été malheureux parce qu'ils ne pensaient pas comme nous !

Aujourd'hui, nous ne nous apercevons plus que nous sommes enfermés dans des définitions, dans des mots auxquels nous avons donné un sens, des mots qui remplacent un réel observable que nous ne prenons plus le temps de regarder. Il est donc difficile de réfléchir sans leur faire référence et c'est pourquoi nous tournons en rond, incapables de voir qu'ils représentent les

---

[4] VERNANT J.P. *Mythe et religion en Grèce ancienne.* Paris, Seuil, 1990. Il faudrait ajouter de nombreux ouvrages cités en bibliographie.

murs invisibles d'une prison en dehors de laquelle, semble-t-il, il n'y aurait pas d'existence possible. Certes, nous avons besoin des mots pour partager nos connaissances, pour les échanger, les faire progresser, mais ils nous enferment dans un langage d'aveugles ou servent à écarter délibérément ceux qui voudraient leur donner un autre sens. Ils sont le produit de la sagesse, mais nos sages actuels trouveraient mal séant de devoir raisonner autrement qu'ils ne le font, ce qui fut vrai de génération en génération ! Il suffit de relire Platon pour voir que les difficultés de transmission entre générations ont plus de mille ans d'âge.

Nous pourrions ajouter à cela cette remarque à savoir que les Grecs nous ont transmis une culture de l'image et que nous baignons, depuis l'avènement de la chrétienté, dans une culture de la parole. Aux informations des yeux, nous avons préféré celles des oreilles. Mais il faut ajouter que nos oreilles, plus facilement que nos yeux, furent éduquées pour n'entendre que le son des cloches !

Platon s'inscrit dans le temps court de l'histoire événementielle et, pour comprendre un passé nettement plus ancien, il faut sortir des mots et des idées qui n'ont pas toujours conditionné une façon de vivre.

Ce pouvoir de dire le vrai, les hommes l'ont acquis lorsqu'ils se sont mis à analyser le réel auquel ils étaient confrontés, mais leur analyse, tout en leur permettant de mieux survivre, n'a pu qu'émietter l'inconnu. La synthèse qui s'imposait pour reconstruire le réel ne pouvait qu'être une reproduction imparfaite, une image déformée du fait de l'impossibilité de lui redonner sa nature originelle. Nous avons fait d'énormes progrès pour percevoir le pourquoi et le comment des choses, mais il est un fait incontournable : la synthèse ne redonnera jamais qu'une apparence de l'objet que nous avons morcelé afin de l'analyser. Nous aurons beau multiplier les détails indispensables à sa reconstruction, si cette dernière semble possible pour des objets sans grande complexité, elle reste insatisfaisante pour ce qui se rapporte à un réel imparfaitement compris. Toujours est-il qu'une reproduction parfaite de l'homme signifierait que ce dernier est capable de créer une espèce semblable, ce qu'il continue à espérer en approfondissant ses connaissances à la fois sur le corps et sur l'esprit qui sont des distinctions artificielles. En voulant redonner vie au Tout qu'il a morcelé, l'homme se prend toujours pour un démiurge et néglige une approche non fragmentaire de la vie pourtant possible, comme certains d'entre nous peuvent la vivre spontanément.

Je garde en mémoire l'impossibilité de reconstruire des maisons ou des rues dans les vieilles cités incas, même en prenant les plus grandes précautions avant d'intervenir. Le temps a probablement changé le rapport qui existait entre les pierres, même cyclopéennes, mais, pour simplifier, nous pouvons dire qu'un monde décomposé ne donnera jamais le monde originel après reconstitution.

Pourquoi ne dirions-nous pas que l'association d'atomes ou de matière reste intacte tant que l'Éros[5], sorti de Chaos, en assure la cohésion ? Que cette cohésion diminue ou disparaisse et la forme peut se transformer ! La forme, pas la matière ! Il y a là une différence qui trop souvent est négligée. De plus, lorsque nous parlons de forme, nous oublions de distinguer la forme originelle, celle qui permet de nommer une espèce particulière et l'ensemble des formes qui en dérivent et ne sont que des reproductions, des photocopies plus ou moins bonnes de la première forme ! Lorsque nous parlons de changement à propos de la forme, nous oublions là aussi de différencier le changement apparent qui laisse la forme originelle identique à sa première apparition et le changement que nous pourrions qualifier de mutation et qui pourrait correspondre à l'apparition d'une nouvelle espèce ! En fait, le changement que nous observons ne change pas l'espèce, il modifie le paraître et non l'être.

En remontant dans le temps, aussi loin que nous le pouvons par la pensée, il est possible de comprendre que l'homme s'est positionné spontanément sur deux versants de la connaissance : celui de l'expérience immédiate et celui de la réflexion. Il est permis de penser que, pendant des myriades d'années, après

---

[5] La mythologie grecque me permet souvent d'interpréter l'actualité, elle me sert alors d'outil pour comprendre le présent. Lorsque je cherche à comprendre nos ancêtres, il faut juste éviter de faire chevaucher deux époques ou deux possibilités d'observation du réel.

l'apparition de notre espèce, les hommes n'ont pas fait d'analyse et n'ont pu que vivre un combat souvent inégal, ne serait-ce que pour se nourrir ou ne pas être mangé. Nous avons laissé de côté ces « sauvages » qui ne parlaient pas, ne pensaient pas, vivaient de chasse et de cueillette, sans voir qu'ils nous ont précédés et qu'ils ont utilisé une autre forme d'intelligence, une intelligence étroitement liée à l'instant. Il n'était pas possible de demander à un adversaire quelconque un temps nécessaire pour comprendre ce qui allait se passer, le comment et le pourquoi d'un combat inévitable, autrement dit faire une pause comme dans un match de basket, mais cela ne signifie surtout pas que l'esprit de nos ancêtres ne fonctionnait pas. Peut-être fonctionnait-il plus vite et plus efficacement sans passer par le stade d'une traduction quelconque au bénéfice de ceux qui n'étaient pas concernés directement ! Le cri, ou le son qu'il représente ne pouvait aller que plus vite, le geste aussi, mais l'acte était essentiel [6] !

Parce que nous avons tout traduit en mots, ou presque, nous avons oublié que les « bons sauvages » communiquaient à la fois pour s'instruire, mais aussi pour partager des sentiments, apprécier des moments de plaisir ou simplement ce qu'ils trouvaient beau. Ils n'ont pas écrit de traités de philosophie, ils n'ont pas analysé psychologiquement leurs comportements, ils ont vécu humainement et progressé de même, car ils n'étaient pas des machines ou de simples objets[7].

Il faut attendre le VIIIe siècle avant notre ère pour comprendre que les hommes peuvent être classés en deux catégories : ceux qui pensent après, peut-être même lorsqu'ils sont morts, et ceux

---

[6] Lorsque l'on étudie l'ensemble du système nerveux, les voies nerveuses et les centres nerveux, nous voyons que toutes les informations ne montent pas jusqu'aux hémisphères cérébraux et nous apprenons qu'un certain nombre de problèmes trouvent une réponse rapide et efficace en prenant des raccourcis. Au temps des premiers hommes, ces raccourcis étaient certainement plus utiles que de nos jours, mais il ne faut pas les oublier. Notre système limbique est toujours utile !

[7] Je voudrais dire, sans attendre, que tout dans le monde est en possession de la vie qui est la force indispensable à la survie. Tout ce qui existe ne manifeste pas la vie de la même façon, mais la nôtre n'est qu'une manifestation parmi tant d'autres.

qui pensent avant d'agir. Il faut le travail d'Hésiode[8] pour nous aider à imaginer cette distinction. La poésie de ce modeste fermier qui concourrait certainement pour obtenir un prix en déclamant ses vers nous apprend, en effet, que les hommes auxquels nous ressemblons sont ceux qui se sont mis à penser alors que nos ancêtres plus lointains ne pensaient pas avant de vivre leurs actions ou leurs réactions, la plupart du temps imposées par l'environnement dans lequel ils se trouvaient.

Nous éprouvons d'énormes difficultés à imaginer une nature vierge, nous dirions plus facilement sauvage, dans laquelle presque tout pouvait surprendre nos aînés. Ils vivaient et leur seul objectif fut longtemps de rester en vie. Mais, s'ils ne pensaient pas comme nous, leur esprit fonctionnait et c'est l'amélioration de cet outil particulier qui a permis d'en faire un atout majeur sur le plan des relations ou des rapports entre les espèces. Le passage d'une façon de penser à l'autre s'est fait bien avant que les poètes nous en parlent, les aèdes colportaient de cité en cité un enseignement que la sédentarité rendait possible.

Comment n'auraient-ils pas été impressionnés par la mort ? Comment n'auraient-ils pas cherché à savoir d'où elle venait, à éviter d'être en face d'elle ? Comment n'auraient-ils pas tenté de ne pas la subir, d'écarter la présence d'un être mort qu'ils ne pouvaient pas ranimer par un geste, un cri, encore moins une idée et dont la forme d'existence ne pouvait que les surprendre ? La mort a bien pu leur apparaître prioritairement comme une impossibilité de dialogue ou d'intervention !

Les poètes ont utilisé des divinités pour faire comprendre à leurs semblables tout l'intérêt qu'ils avaient à bien penser. Homère est l'un des premiers à soutenir par écrit un comportement d'homme raisonnable et même un comportement de héros. Les Tragiques poursuivront cet effort d'éducation que les philosophes élèveront au rang de vertu, non sans se traiter de sophistes pour de basses raisons commerciales. Mais, tout cela est presque de l'actualité ! Que représentent trois ou quatre

---

[8] HÉSIODE *Théogonie. La naissance des dieux.* Précédé d'un essai de J.P. Vernant. Paris, Flammarion, 1993.

milliers d'années par rapport à l'existence de nos ancêtres que ne peuvent pas tous être qualifiés d'homo sapiens ?

Pour comprendre la notion d'emprisonnement que j'ai attribué aux mots, il faut tenir compte d'un autre enjeu, politique cette fois, d'un enjeu de pouvoir à la fois sur les hommes eux-mêmes et sur l'ensemble du monde. Comment peut-on dire que les mots forment une prison ? Il faut aussi penser que ceux qui les créent et les figent dans leur signification détiennent un pouvoir sur ceux qui s'en servent. L'homme peut utiliser autant de mots qu'il peut en apprendre[9], il reste dépendant du sens qui leur a été donné par ceux qui les ont placés au cœur de leur politique, de leur besoin de pouvoir. Les poètes ont donné le pouvoir à l'idée en la personnifiant par un dieu mâle et rusé, le seul fils de Cronos qui n'ait pas subi l'enfermement dans le ventre de son père. Lorsque les aèdes antiques nous dépeignent l'opposition entre les dieux de première génération et ceux de seconde génération, ils ne font que nous donner une image qui reste merveilleusement illustrée par l'opposition entre Épiméthée, celui qui pense après, et Prométhée, celui qui pense avant. Prométhée est dit l'ami des hommes parce qu'il vole à leur intention le feu divin, autrement dit l'art de penser avant.

Mais, le changement le plus important reste la création, par les hommes, d'un mode de vie qui n'existait pas lorsque les femmes assuraient la fécondité de l'espèce. En disant que les hommes ont pris le pouvoir que les femmes possédaient, nous commettons une erreur importante. Les femmes n'ont jamais exercé un quelconque pouvoir au sens politique du terme, elles assuraient la fécondité et la fertilité de notre espèce. La prise de pouvoir par Zeus ne saurait faire illusion et ne s'adresse qu'aux hommes au moment où ils se retrouvent obligés de se doter d'un ordre pour survivre autrement qu'en étant isolés dans la nature. Tant que les hommes ne se sont pas regroupés, hommes et femmes confondus, ils connaissaient une survie naturelle et le plus important dans ce contexte restait la procréation. Si la mort

---

[9] Compter le nombre de mots utilisés n'est-il pas une façon d'évaluer les capacités d'un individu à s'intégrer dans la société ?

l'avait emporté sur les naissances, nous ne serions pas là pour en parler. Parce que les femmes, naturellement, transmettaient la vie, elles dominaient le conflit permanent de l'espèce avec l'environnement. Reconnaissons que le problème était identique chez les autres espèces.

Je crois que nous pouvons avancer cette hypothèse à savoir que la mort est devenue un problème à partir du moment où les hommes se sont mis à se faire la guerre. Lutter contre un animal sauvage ou contre les forces de la nature ne les avait pas conduits à s'interroger activement sur la mort. La naissance gardait une valeur incomparable et capturait toute leur attention. Mais, dès que les hommes ont pu s'entretuer, dès qu'ils ont pris le pouvoir pour dicter des règles de vie, ils durent aussi envisager des règles de mort, du moins se poser un certain nombre de questions à son sujet.

Nous ne mesurons pas assez l'importance de ce changement qui semble discréditer le nomadisme au profit de la sédentarité. Il ne s'est pas fait en un jour. Nos ancêtres ont mis du temps pour s'apercevoir qu'un tel changement pouvait leur être favorable dans la lutte pour l'existence. Il a fallu des générations pour que nos ancêtres observent le monde autour d'eux et en déduisent des attitudes conquérantes, des progrès ne serait-ce que pour moins subir les aléas de l'existence. Le feu n'est qu'un exemple de progrès. Il fut certainement une arme contre de nombreuses nuisances et contre la mort en particulier, mais il a aussi conduit les hommes à se battre pour l'avoir ou le garder.

Lorsque la mythologie grecque nous parle de Dédale, elle ne fait que résumer, dans sa biographie succincte, ce rapport entre l'observation de ce qui est et la création de ce qui permet de changer la vie.

Historiquement, puisque les poètes sont aussi des citoyens qui appartiennent à l'histoire, l'art de penser avant n'est pas très ancien et peut être mis en relation avec les débuts d'un besoin d'ordre correspondant à la sédentarisation de nos ancêtres. Il faut le rattacher au passage de la chasse et de la cueillette à l'agriculture et à l'élevage. Nous devons comprendre que l'élevage des hommes n'est qu'une suite logique de celui des animaux. J'aimerais rappeler qu'on parlera encore d'élevage humain au début du XXe siècle[10] ! Nous pouvons sourire, mais pourquoi ne pas tenir compte du présent pour comprendre le passé lointain ? Que représente l'école de Jules Ferry ? Que représente l'enseignement d'une morale républicaine à la fin du XIXe siècle ? J'aurais pu parler de tous les enseignements religieux depuis des millénaires ! Nous refoulons nos comportements instinctifs, mais nous les avons remplacés par des actes qui ne valent guère mieux, par des automatismes qui font souvent de nous des automates ! Comment oublier qu'Artémis serait responsable des classes d'âge et de leur éducation à Sparte au moment où les Doriens vont inventer une nouvelle façon de faire la guerre ? L'athlétisme antique ne fut-il pas d'abord un élevage de la jeunesse ?

Il est difficile de soutenir que les mots nous trompent, comme Socrate a pu soutenir, en son temps, que nos sens nous trompaient. Mais il est permis de souligner que le mot n'est pas la chose qu'il représente et que chacun de nous peut avoir avec l'objet une relation différente que le mot ne traduit pas de lui-même. Certes, les mots nous aident à dialoguer, à délivrer notre corps d'un certain nombre de tâches, à gagner du temps aussi, mais, finalement, notre vie est devenue une immense pièce de théâtre que nous jouons plus ou moins bien. Comment ne pas s'apercevoir que nous pouvons parler d'activités que nous n'avons jamais vécues ? Je suis musicien et ne peux pas me confondre avec un individu qui parle de la vie au sein d'un orchestre, sans l'avoir expérimentée. Une recette de cuisine écrite dans un livre ne suffit pas pour produire une nourriture acceptable. Un maçon n'apprend pas à construire une maison simplement en lisant un manuel[11] !

Il est évident que nous pouvons parler pendant des heures de la vie et de la mort sans être obligés de recourir à une expérience

---

[10] C'est le terme utilisé par le docteur Maurice Boigey, mais c'est aussi un terme qui se comprend avec les débuts d'une éducation physique à l'école !
[11] J'ai construit une maison, après en avoir dressé les plans, puisque cela m'était imposé. J'ai surtout appris à utiliser un niveau et un fil à plomb, à faire les mortiers indispensables aux différents moments de la construction, et si les livres m'ont servi, la pratique s'est imposée à moi comme source de réussite.

quelconque. J'approfondirais cela plus tard. Ces deux mots sont le fruit de notre imagination et souffrent d'une relation elle aussi imaginaire.

Constater que les mots sont devenus une prison de verre ne suffit pas, encore faut-il comprendre pourquoi nous nous y sommes laissés enfermer et n'avons pas imaginé la possibilité de nous en évader, du moins en Occident, ou alors il y a peu de temps en utilisant des procédés mieux développés en Extrême-Orient. Peut-on honnêtement parler d'un yoga occidental [12]?

Personnellement, j'ai commencé à comprendre notre erreur de mise sous tutelle en m'efforçant de revenir à l'origine de l'homme. Revenir à l'origine de l'homme qui pense avant n'est pas trop difficile, remonter à celle de l'homme qui pense après ou même ne pense pas, au sens que nous donnons à ce mot, relève d'un effort d'imagination et de liberté que les idées reçues rendent souvent impossible.

L'homme n'a pas toujours pris conscience du réel avant d'agir, mais sa nature lui a tout de même permis de survivre puisque nous sommes des reproductions de l'être primordial auquel nous avons donné le nom d'homme. Pour enlever le voile des mots, il vaudrait mieux considérer que tout ce que nous trouvons dans le monde est une forme douée de vie, une manifestation de la vie qui ne peut-être qu'antérieure à son observation, empirique ou scientifique.

L'homme vit parce que la vie est en lui. Ce n'est pas lui qui crée la vie. D'ailleurs, elle existait dans d'autres formes bien avant qu'il n'apparaisse. N'oublions pas que le monde, que nous considérons trop souvent comme un décor, est aussi un ensemble de formes qui possède la vie. Les arbres, pour donner un exemple simple, sont des êtres vivants. Nous mesurons leur âge, nous étudions leur croissance, ils changent comme nous, naissent et meurent comme nous ! J'ajouterai qu'ils pensent à leur façon,

---

[12] J'ai pratiqué le yoga et peux répondre non. Pour opposer l'homme d'Orient et l'homme d'Occident il faudrait accorder à la société et à la culture un pouvoir de création !

dialoguent entre eux, éprouvent des sentiments et subissent, malheureusement, nos fantasmes ou les effets de nos abus de pouvoir.

Ce que nous observons c'est l'effet que la vie peut produire et que les sages d'antan ont cru percevoir dans le changement. Le changement n'est pas la vie, mais le résultat de la survie permise par une force qui nous permet de lutter et de prolonger notre existence. Toutes les formes possèdent cette force à leur origine. Or, la vie en tant que force ne peut se combattre elle-même. Par contre, la lutte se situe sur le plan des qualités particulières de chaque forme. C'est parce que les formes diffèrent entre elles qu'une opposition devient possible dès lors qu'il devient nécessaire de s'approprier un même objet ! N'oublions pas que la première obligation pour survivre consiste à se nourrir !

Je ne peux résister à l'envie d'ajouter que ce qu'il y a d'immortel dans chaque forme c'est bien la vie qui ne dépend d'aucune forme et se manifeste dans toutes les formes sans exception. Chaque espèce utilise cette force qui manifeste la vie à sa façon, à partir de ce qu'elle est en tant qu'association particulière d'atomes.

Il apparaît déjà, par simple déduction, que la mort ne saurait être associée à la vie, mais à la forme et que ce qui meurt n'est rien d'autre qu'une association de matière. La forme est une association et c'est peut-être en son sein qu'il faut imaginer ce qui se passe au moment de la mort. Mais n'anticipons pas !

Nous avons l'habitude de considérer la forme humaine comme un objet excessivement complexe, à la limite du mystère. Notre regard est alors influencé par des détails qui ne nous aident pas à comprendre pourquoi la forme manifeste la vie. Depuis Hippocrate, j'aurais pu dire Asclépios, nous avons fait des progrès et la médecine peut utiliser des études qui approfondissent le comment et le pourquoi du changement.

Ici, je voudrais insister. La médecine ne s'occupe pas de la vie, mais du changement. La confusion est très souvent à l'origine de nombreuses méprises. On peut comprendre le pourquoi et le comment d'un infarctus du myocarde, on peut le soigner, on peut aussi assister à l'arrêt définitif du cœur, cela ne nous dira jamais ce que représente la vie en tant que force originelle. Je dirais qu'Hésiode nous en donne une explication irrationnelle qui convient mieux à notre curiosité ! Le cœur ou le cerveau ne peuvent pas nous aider à définir la vie et la mort elle-même seulement parce que l'on sait ce qu'ils deviennent au moment de la mort. En fait, nous confondons la fin d'une fonction et le fait qu'ils sont de la matière, qu'ils redeviennent de la matière. La médecine observe et intervient sur une forme, une association, elle n'intervient pas sur la cohésion originelle qui assurait la pérennité de la forme[13]. À la limite, elle intervient sur la cohésion qui ne s'exerce plus que sur la reproduction de la forme originelle ! Loin de moi le besoin de dévaloriser cet art, car la médecine est un art plus qu'une science, mais comme on devrait le dire aussi, il ne faut pas rendre à César ce qui ne lui appartient pas !

Le corps est fait d'une multitude de regroupements d'atomes – il faudrait diviser encore, mais cela ne permettrait pas d'approfondir davantage – et c'est l'amour que les atomes partagent entre eux, au moment de s'unir, qui conduit à la manifestation de la vie dans chaque forme. Hésiode a fort justement associé Gaia, la matière et Éros, sorti de Chaos, pour imaginer l'existence des différentes formes. La forme d'un homme, celle d'un oiseau, d'un poisson, celle d'un rongeur ou d'un serpent, sont des additions d'atomes, des rencontres amoureuses dont la cohésion dépend de l'attraction qu'elles éprouvent. Les atomes varient à l'infini tout en restant immuables. Ils sont animés par une force que nous ferions bien de qualifier d'amour, comme Hésiode, car c'est bien pour se marier que les atomes se rapprochent. Ils s'unissent pour un temps plus ou moins long qui ne saurait être décidé à l'avance. Leur séparation par consentement mutuel ou non, par lassitude ou par accident signifie que la force qui les avait accompagnés n'intervient plus, ou pas suffisamment. Si la forme connaît les

---

[13] Mes observations permettent de penser qu'elle intervient de moins en moins sur la cohésion, même chez les internistes formés pour travailler sur des ensembles.

conséquences de cette séparation, ce n'est pas le cas des atomes qui ne subissent pas la mort.

L'homme, aussi observateur qu'il puisse l'être, n'a pas pris conscience de cela. Parce que la forme perd sa capacité d'être, autrement dit ne peut plus survivre, il s'imagine que tout disparaît alors que la forme perd uniquement la cohésion qui lui permettait de manifester ses qualités propres. La forme disparaît, mais pas la matière.

Chaque forme est différente à partir d'un ensemble d'atomes qui se ressemblent parfois, mais ils ne se sont pas regroupés de la même façon. Chaque espèce possède une forme qui ne cesse de se démultiplier grâce à la reproduction et si certaines parties des formes originelles se ressemblent nous le devons à la liberté des atomes qui se rencontrent par hasard dans un monde sans limites comme aurait très bien pu l'expliquer Épicure[14].

Je crois que notre façon de raisonner est à l'origine d'un mal entendu. Nous avons préféré imaginer la diversité à partir d'une origine qui l'aurait engendrée sans qu'il soit possible d'en comprendre la raison. Je préfère imaginer que les atomes, étant totalement libres dans leur mouvement, peuvent engendrer des formes à l'infini. Certaines ont mieux résisté à l'usure ou à la concurrence en nous laissant la possibilité d'inventer une évolution qui correspond davantage à une complexité croissante des formes et à la suprématie de la forme humaine ! Je crois que, sur ce point, l'homme a largement démontré sa puissance pour mettre à mal le monde dans lequel il a pris le pouvoir, mais il n'a jamais été démontré qu'il serait le plus apte à survivre dans ce monde lorsqu'il l'aura rendu inhospitalier en croyant le maîtriser ! On dit souvent que les cafards survivront après nous ! Dans tous les cas, notre concept d'évolution ne vaut que par rapport à un idéal qui fait de l'homme l'espèce qui doit dominer le monde !

---

[14] BALAUDÉ JF. *Épicure. Lettres, maximes, sentences.* Paris, Le Livre de Poche, 1994.

Les légendes grecques nous instruisent rarement sur un passé lointain et nous entretiennent dans l'idée que notre monde manquait d'ordre et qu'il a fallu que Zeus intervienne pour mettre fin à ce que nous qualifions abusivement de chaos. Le monde, que nous comparons à la jungle, serait livré à d'effroyables compétitions sans règles et l'homme qui pense serait intervenu pour donner à chacun un rôle indispensable pour qu'il lui permette de ne plus subir toutes sortes d'agressions. En réalité, l'homme n'a fait que remplacer les plus naturelles par les mieux pensées, à son avantage évidemment. Il a enfermé le monde dans un ensemble de conventions lui permettant de survivre à moindres frais, en quelque sorte, au détriment du reste du monde ! En réalité il n'a pas enfermé le monde, il s'est enfermé dans une vision du monde qui ne peut que lui servir à le dominer sans pouvoir le changer profondément. Nous le voyons régulièrement avec les éruptions volcaniques.

Ne faut-il pas considérer que la survie ne peut que conduire à la démesure et que l'homme en tant qu'espèce n'a fait que survivre en imposant sa façon d'agir ? L'observation de ce qui se passe un peu partout dans le monde nous invite à le penser et à craindre que cette option s'avère un jour ou l'autre catastrophique.

Ne faut-il pas rester aveugle pour raisonner de la sorte ? L'homme qui pense n'a-t-il pas pris le pouvoir aussi bien sur le monde que sur ses descendants, je préférerais dire sur l'ensemble des formes qui diffèrent de la sienne et sur ses semblables qui sont de simples reproductions de sa forme originelle [15] ? Le progrès, si tant est qu'il existe, n'est-il pas d'abord une affaire de pouvoir ? J'y reviendrai plus longuement, mais les poètes n'ont-ils pas, comme le suggère la légende, séparé le couple originel en castrant le mâle et en vassalisant la femelle, de sorte qu'ils ont fait perdre le pouvoir à la matière pour le donner à l'esprit en le considérant comme l'équivalent d'un dieu ? Or, si les dieux sont des inventions utiles pour gérer les foules, la matière, autrement dit l'ensemble des atomes, reste, quoi que nous en pensions,

---

[15] Les hommes sont-ils différents des lions que le dompteur fait obéir dans un cirque ? En supprimant cette image, les défenseurs de la cause animale se croient-ils mieux domptés que des animaux dits sauvages ?

l'origine de notre existence. Sur ce point, je trouve que l'École de médecine de Montpellier était plus près du réel en concevant une force vitale. Ignorer la matière c'est prendre le risque de ne concevoir que des formes et de robotiser le monde en prétendant prendre sa place !

Le chaos n'est pas une absence d'ordre. Il est plutôt un ensemble d'ordres en nombre infini et cela permet de comprendre que le monde peut, à tout moment, être peuplé de formes nouvelles. Or nos observations nous imposent de figer le changement pour tenter de le comprendre. Pour observer ce qui bouge, il est préférable de s'immobiliser. Nous avons là deux détails importants dans l'observation, ou deux principes qui nous ont conduits à rester dans la prison des mots, une réplique du Tartare ! De plus, étant à l'origine de l'observation du monde, comme si nous étions le Soleil, nous ne pouvons que le regarder de haut, avec dédain, en nous sentant supérieurs !

En voulant observer douloureusement ce que nous vivions, nous avons fini par nous isoler d'un ensemble que nous nous sommes mis à analyser. Nous avons éprouvé le besoin d'être différent pour comprendre le monde. Or, nous sommes aussi le monde et c'est là que réside la première erreur humaine, le point de départ de tous nos déraisonnements. Pour comprendre pourquoi le serpent sortait d'une termitière désaffectée, il a bien fallu que l'homme se différencie du serpent. Mais, en le faisant, il a perdu une partie du réel, il n'a pas pu se mettre à la place du serpent et n'a pu qu'interpréter ses besoins ou ses décisions. Les exemples sont multiples et nous avons là l'origine d'une observation scientifique qui reste la règle. Toutes nos analyses ne remplaceront jamais les sensations que chacun de nous peut éprouver lorsqu'il réalise une action pour la première fois !

Nous savons aujourd'hui que le chercheur n'est pas isolable de son expérience, ce qui nous ramène à la case départ, autrement dit au temps où les hommes vivaient la survie sans s'interroger sur le comment ou le pourquoi des choses.

Cette substitution peut être considérée comme étant à l'origine du dualisme qui a engendré la totalité de nos connaissances utilitaires et qui fit de nous des esclaves des mots.

L'autre erreur fut de figer l'événement, de faire abstraction du temps qui passe, de nier, d'une certaine façon, le changement. Pour voir et comprendre, nous avons figé l'instant, nous l'avons sorti de son contexte. D'un côté le temps, de l'autre un observateur pris dans ses méditations et cherchant des réponses à ses questions. Or, pendant que l'on s'interroge, le temps n'a que faire de notre questionnement. Il avance inexorablement ! Enfin, il avance si nous prenons conscience que nous n'avançons pas ! Si nous avançons ensemble, ne pourrions-nous pas dire que nous ne le subissons plus et que nous avons trouvé la jeunesse éternelle ? Or, il est possible de vivre, dans certaines circonstances comme l'extase, une conscience différente du temps qui passe. S'il avance pour les autres, il n'avance pas pour celui qui est sorti du monde, qui ne raisonne plus, qui vit dans un instant qui semble s'éterniser.

Existerait-il deux façons de percevoir le temps, de s'en servir, d'en dépendre ? Si nous considérons que l'instant peut être vécu pendant des heures, comment expliquer que le temps linéaire qui nous sert à raisonner soit aboli pour celui qui vit l'instant ? Peut-on dire que cet individu ne change pas ? Si sa conscience n'enregistre pas le changement, son corps ne vieillit-il pas ? Ne faudrait-il pas distinguer le corps et l'esprit dans son évaluation ? Le temps ne serait-il pas essentiellement une production de notre mental ?

C'est probablement là que nous rencontrons la faille la plus importante dans notre raisonnement. Le vieillissement nous impose une explication de la vie qui nous trompe parce que nous le voulons bien ! En effet, tout dépend du regard que nous portons sur lui. Ou bien nous observons ce qui change, ou bien nous observons ce qui reste inchangé, ou bien nous tenons compte du temps des horloges, ou bien nous nous intéressons à l'instant. Le temps des horloges nous apprend que notre existence commence et prend fin à l'issue d'un certain nombre d'heures, de jours, de mois, d'années. Notre corps enregistre le temps ou du moins change et sans parodier les Chinois, il change à chaque respiration. Il serait mal venu de dire que le temps n'existe pas, l'observation la plus élémentaire nous contredirait. Mais le changement que nous observons, que nous ressentons dans notre chair, qui se manifeste par de multiples réactions

organiques ne crée pas le problème du changement lui-même. Il ne dépend pas de la cohésion des atomes qui forment notre individualité. Entre l'idée que nous nous faisons du temps ou le ressenti que nous en avons et sa réalité matérielle il y a plus qu'une simple nuance.
Cela se perçoit au moment dans l'observation de la mort.

La mort n'est pas la fin du changement, elle est la fin d'une union indispensable permettant de poursuivre la survie d'une forme dans un milieu qui ne lui est qu'approximativement favorable. La mort d'une forme est un constat qui permet de comprendre que l'énergie nécessaire à la survie disparaît, est épuisée si l'on veut. Cette image peut contredire certaines idées, mais elle est la plus simple pour souligner leur poids. Psychologiquement, je dirai que le moi, qui est la forme politisée de l'individu, est la partie de la forme que nous observons au moment de la mort, celle qui disparaît et fait apparaître un vide sur le plan relationnel. Or, nous ne connaissons que le moi et ne pensons pas assez qu'il montre essentiellement une coupure entre l'individu et les autres !
Disons brièvement qu'il n'y aurait pas de moi s'il n'y avait pas préalablement une forme qui manifeste la vie. Pas de moi sans un regroupement d'atomes, pas de regroupement sans un ensemble d'atomes invisibles et cependant indispensables à la vie de toutes les espèces. Nous avons limité notre analyse aux reproductions d'une forme, pas à la forme originelle et moins encore à la matière ! Toutes nos déductions sur la mort d'un homme se limitent à la mort de notre moi qui ne fut, plus ou moins longtemps, qu'une peau de chagrin !

Ordinairement, nous sommes habitués à penser que nous sommes responsables de la vie, de cette énergie, que nous la créons, que nous la distribuons à chacun de nos organes, que nous nous nourrissons pour cela, que nous nous préoccupons de notre mobilité en nous efforçant d'équilibrer cette énergie et en la distribuant le mieux possible, en fonction de nos besoins. Cette responsabilité nous l'avons même confiée à notre cerveau, à ce que les psychologues appelaient l'attention volontaire il y a plus d'un siècle. Parce que l'homme se considère comme une machine animale complexe, une machine contrôlée par son cerveau, il endosse finalement un rôle qui n'est pas le sien et se condamne à perdre son combat un jour ou l'autre. Si la mort est la perte de ce combat et si l'homme est responsable de ses luttes diverses, il devient responsable de son échec final, autrement dit de sa mort. Comment ne serait-il pas inquiet et ne chercherait-il pas à l'éviter, à la fuir ? Comment ne serait-il pas angoissé par la peur de l'échec ?

Peut-on dire que les premiers hommes ont raisonné comme nous, ont imaginé la mort comme nous, en ont donné une image et lui ont attribué un sens comme nous ? Il serait préférable de penser que toutes nos déductions sur la vie et sur la mort sont relatives à une façon de penser, à un raisonnement qui ne dépasse pas quelques milliers d'années.
Il faut donc chercher l'origine de notre erreur.

L'homme est devenu responsable à partir du moment où il s'est mis à penser. La légende oppose deux façons de penser, mais il faut aller plus loin. Penser, c'est analyser l'acte vécu, le visualiser et non le vivre. Que l'on pense après ou avant, cela ne change pas grand-chose si ce n'est en ce qui concerne l'efficacité de la réponse au besoin, autrement dit en ce qui concerne l'acte. L'acte peut être vécu sans être pensé. Je ne reprendrai pas les explications psychologiques qui fleurissent dès la fin du XIXe siècle et au XXe siècle pour expliquer comment on passe de l'acte à la pensée. Il faut échapper à des explications scientifiques qui dépendent d'un préalable favorable à la pensée et cela depuis des millénaires. Les hommes ont été acteurs de leur vie bien longtemps avant de devenir les acteurs d'une pièce de théâtre écrite par un démiurge ou par dame nature. L'homme se heurte et se heurtera longtemps encore à l'origine de la vie, pour ne pas dire celle du monde pour laquelle il a imaginé une simple explosion !

L'homme a commencé par vivre sans penser, au sens où nous le disons aujourd'hui. Disons qu'il n'en avait pas le temps ! Comment en aurait-il eu le temps puisque le temps n'existait pas, à savoir un temps linéaire permettant l'étude du changement ?

L'homme ne cherchait qu'à survivre et je considère que cette survie, qui était assurée par une force originelle, se manifestait alors par un besoin d'amour associé à un besoin de guerre.

Nous sommes bien obligés de considérer que la forme, en venant au monde, ne pouvait qu'être accompagnée par une force indispensable à sa survie. La forme n'aurait pas vécu un seul instant si elle n'avait pas d'abord existé. Il est difficile de penser que les atomes avaient prévu les conséquences de leurs associations, disons plutôt que leurs façons de s'aimer n'avaient aucun rapport avec un futur et plus encore une situation conflictuelle. Ils se donnaient dans l'instant sans se demander si leur union pouvait durer. Tant que les atomes vivaient en liberté, ils ne connaissaient que l'immortalité. À partir du moment où ils trouvèrent le plaisir de s'unir, leur mariage ne pouvait avoir pour conséquence qu'une adaptation à un monde qui leur était étranger, que j'appellerai pour simplifier le monde des formes. La différence entre les deux situations se situait alors dans l'existence d'un monde infini et indéfini d'une part, le monde des atomes, et un monde fini et changeant d'autre part, celui dans lequel se trouvent toutes les associations d'atomes.

Le monde est en réalité un ensemble de formes. Elles se partagent un espace fini dans lequel chacun cherche sa place et découvre vite que la survie est aussi une affaire de pouvoir. Chaque espèce, en venant au monde, dispose de cette force qui doit lui permettre de vaincre pour ne pas être dominée, secondairement pour survivre et procréer. La vie est une force, mais cela ne suffit pas pour nous aider à comprendre comment s'organise la survie. Les atomes, une fois associés, continuent à ressentir de l'amour, de l'attirance pour d'autres atomes, ou de la répulsion, eux aussi associés sous d'autres formes. La rencontre la plus naturelle, la plus simple, est certainement celle qui met en présence une forme femelle et une forme mâle dans la même espèce. Le nombre d'atomes qui se reconnaissent et retrouvent leurs élans originels est alors plus ou moins élevé et nous comprenons aussi qu'un homme puisse être plus facilement attiré par son double de sexe opposé que par la forme d'une espèce différente. Je voudrais ajouter que contrairement à l'adage : l'amour est aveugle, je dirai au contraire que l'amour est, ou du moins était, un outil fort utile pour survivre. Là encore, il faudra revenir sur le mot amour que le classement idéologique de Platon ne fait que voiler.

Mais tout ne se passait pas merveilleusement et les rencontres entre les espèces pouvaient être l'objet de conflits douloureux, dans lesquels l'amour avait alors peu de place. Nous ne prenons pas souvent le temps de comprendre que l'amour est souvent associé à la guerre, qu'il est indispensable de combattre pour conserver un amour, une association, surtout lorsqu'il est confronté à un enjeu de survie.

Hésiode nous trompe en faisant d'Éros un dieu qui fait perdre la raison. Mais Hésiode est d'un autre temps que celui de nos ancêtres. Lorsqu'il confond l'Éros sorti de Chaos et l'Éros, fils d'Aphrodite et d'Arès, il le fait parce qu'il est un émule de Zeus. L'amour qu'il nous présente ainsi est celui que Platon reléguera au plus bas de l'échelle des amours[16], il est l'amour qui rompt les membres et fait de l'homme un esclave du désir. Mais le monde a changé sous la pression des hommes qui pensent et il n'est plus le monde des premiers hommes. Nos premiers échantillons de notre espèce n'ont pas connu cet amour vénal qui devient insensible à la réalité de la matière. Nos ancêtres n'avaient pas d'idées préconçues pour s'assembler et procréer, ils le faisaient naturellement parce qu'ils reconnaissaient les atomes à partir desquels ils pourraient perpétuer l'espèce[17].

À l'opposé de cet amour originel, il faut tenir compte d'un sentiment complémentaire.

Nous savons tous comment nous nous comportons lorsque nous sommes sur le point de perdre un objet important, surtout lorsque quelqu'un veut nous le prendre. Nous faisons face, nous le défendons, nous devenons agressifs, nous partons en guerre ! La guerre est le corollaire de l'amour. Elle n'est pas son contraire et lorsque nous disons : " Faites l'amour et pas la guerre ", nous

---

[16] PLATON *Le Banquet. Phèdre.* Paris, Flammarion, 1964.
[17] Je crois bien que nous connaissons toujours cette attirance matérielle, mais les règles de la société ont masqué son importance depuis longtemps.

oublions leur relation originelle. Si l'amour n'était pas associé à la guerre, chaque espèce ne saurait pas défendre l'amour qui lui importe le plus. Or l'amour est d'abord indispensable pour assurer la survie d'une association et sans la possibilité de la défendre elle n'existerait pas longtemps.

La guerre, à ce stade de la vie, n'est pas une conquête de territoire, une recherche de pouvoir, comme nous le verrons avec l'apparition de la sédentarité. Elle est exclusivement l'outil indispensable pour assurer la survie. Combattre pour se nourrir est une attitude naturelle, chaque espèce a sa raison de lutter et pour comprendre les fondements de l'agressivité naturelle il faudrait relire K. Lorenz[18]. Le combat est certainement plus rapide et plus violent s'il se passe entre deux individus d'espèces voisines.

Encore une fois, Hésiode nous aide à approfondir la situation. Il nous parle de deux enfants d'Aphrodite et d'Arès : Éros et Antéros. Éros fait perdre la raison, mais Antéros est celui qui intervient devant tous les obstacles que l'amour pourrait rencontrer. Il fait la guerre aussi souvent que nécessaire pour que l'amour soit vécu pleinement. Le premier devient chez Homère le soutien-gorge magique d'Aphrodite, le second se perçoit dans les efforts de Zeus pour vivre son amour en plein jour. Ainsi la légende nous fait comprendre que l'amour a souvent besoin de la guerre pour être vécu pleinement et en dehors de toute convention !

En naissant au milieu d'un monde déjà structuré, peuplé d'espèces se faisant naturellement la guerre pour vivre leurs amours indispensables, les premiers hommes ne pouvaient que vivre ce combat ne serait-ce que pour exister eux aussi. La survie n'est rien d'autre que le résultat de cette association originelle : faire l'amour et lutter pour ne pas être détruit, pour pouvoir aimer, et finalement se reproduire.

Il est facile de comprendre que les hommes ont commencé par tenter de s'imposer pour ne pas disparaître. Mais nous ne mesurons pas assez que cette lutte de tous les instants, cette

---

[18] LORENZ K. *L'agression, une histoire naturelle du mal*. Paris, Flammarion, 1969.

constante absolument naturelle, était due au passage d'un monde infini à un monde fini. Le passage n'est pas facile à comprendre ou à admettre. Les atomes vivent libres et éternellement dans un monde qui n'a pas de frontières, qui n'est pas figé par un ensemble de conventions comme le nôtre aujourd'hui. Ce qu'il faut commencer par dire c'est que le monde, tel que nous le connaissons, est un monde que nous avons construit, auquel nous avons donné des règles, un ordre si l'on préfère. Il nous est difficile, aujourd'hui d'imaginer un autre monde que celui dans lequel nous agissons et pensons. Pourtant, dans certaines conditions ou à l'aide de certaines méthodes, il est possible d'en percevoir un autre, d'y vivre autrement, d'en revenir aussi[19].

Lorsque nous parlons des esprits, où donc les situons-nous ? Existerait-il un monde des vivants et un monde des morts ? Pouvons-nous envisager un monde des atomes et un monde des formes qui s'interpénétreraient ? Les différences ne seraient-elles que des idées ? Ne faudrait-il pas envisager l'existence d'un seul monde, les différences n'étant que le résultat de nos observations, de notre imagination, de notre besoin de tout ordonner ? N'oublions pas que les atomes sont invisibles et qu'ils n'ont pas de réelle consistance tant qu'ils ne sont pas associés dans des formes observables. Le monde que nous regardons n'est que la partie observable d'un monde plus vaste ce qui permet d'imaginer que nous nous trouvons immergés dans le monde des atomes qui est infini !

Pour le moment, disons que nous sommes enfermés dans un monde que nous avons exploré à notre façon, défini et imposé au point qu'il est devenu difficile d'en sortir autrement qu'en écrivant des fables ou des romans dans lesquels la fiction l'emporte sur le réel. Ce monde que nous avons enfermé dans un espace utile, nous l'avons aussi enfermé dans le temps en écrivant son histoire. Il est l'objet que nous avons fait naître à l'aide de la pensée et il faudrait bien comprendre que la pensée n'est qu'un élément de la manifestation de la vie parmi tant d'autres. L'homme qui pense s'est mis en prison dans un monde

---

[19] Lorsque nous vivons un satori, par exemple, nous découvrons cet autre monde ou, plus exactement, nous le percevons autrement.

fini et ne peut en sortir qu'en mettant sa pensée au repos, ce qui se passe naturellement lorsque nous dormons ou artificiellement lorsque nous méditons.

Bien entendu, les plus récalcitrants demanderont des preuves, des éléments observables ou rationnels qui pourraient nous aider à choisir une autre voie d'exploration. Mais, comment demander à la raison, ou la pensée, de choisir une autre direction que celles qu'elles ont prises spontanément à partir de ce qu'elles étaient ? N'oublions pas qu'avant de donner les pleins pouvoirs à notre cerveau, à la pensée, notre corps avait sa propre façon de regarder le monde ! Nous avons affirmé qu'il nous trompait ! Faut-il revenir en arrière ?

La quête de l'immortalité est un non-sens, une fausse piste, un objectif illusoire. Ces quelques remarques avaient pour but d'amorcer la critique d'un comportement devenu inconscient, mais qui ronge notre vie en la situant dans l'ombre d'une mort mal comprise. Nous savons bien que l'immortalité n'existe que dans notre imagination et que le changement, quelle que soit sa vitesse ou sa force, aura toujours le dernier mot. Toutefois, l'homme aime aussi rêver et il n'a pas attendu pour chercher le sérum de longue vie qui pourrait le rapprocher de l'éternité à laquelle il aspire. Nous pouvons dire que les légendes antiques nous en parlent déjà en permettant à Héraclès d'épouser la jeunesse éternelle, Hébé la fille de Zeus. Zeus personnifiant les idées, ne nous sommes-nous pas attachés à une idée depuis cette époque reculée des dieux qui pensent ?

L'APPORT DES LÉGENDES

Les légendes nous instruisent abondamment sur l'idée que nous nous faisons de l'immortalité[20]. Les aèdes grecs, dix siècles et plus avant notre ère ont certainement inculqué à nos ancêtres cette idée que la mort pouvait être maîtrisée. Leur discours ne devait pas être véritablement différent de celui des desservants religieux du moment et nous devons admettre que cela a commencé bien avant, à partir de l'instant où les mots ont pris de l'importance, nettement plus tôt qu'ils ne soient écrits.

Avant de s'interroger sur l'origine des idées véhiculées de cité en cité par ces conteurs itinérants, le mieux est de les reprendre et de voir comment elles illustraient la vie et la mort dans un souci d'immortalité.

L'affirmation peut paraître abrupte, il n'en demeure pas moins vrai que le problème de la mort fut certainement le premier à provoquer l'imagination des hommes !

Les légendes nous situent pour commencer dans un rapport entre les dieux et les hommes, qu'ils soient ordinaires ou considérés comme des demi-dieux. Hésiode nous apprend que la quatrième race est constituée de demi-dieux qui devront montrer leurs capacités à devenir immortels et les fait tous mourir devant Thèbes et devant Troie. Il rejoint donc Homère qui traite essentiellement de leur mort devant Troie et précède les Tragiques qui les feront encore mourir devant Thèbes. Il apparaît, dans ces premiers écrits, que tous les hommes ne deviendront pas

---

[20] Je vais privilégier les légendes grecques que les Romains ont copiées et que nous gardons dans notre inconscient.

des immortels ! Nous pourrions être surpris, au passage, de voir que les demi-dieux sont souvent des monarques ou les amis de monarques, comme Patrocle.

Or, la quatrième race, celle qui naît après le déluge, est aussi celle des hommes qui pensent ! La troisième, essentiellement guerrière, violente sans réflexion, émule d'Arès ne plaisait pas à Zeus. Après avoir pris le pouvoir, il a voulu changer la nature des hommes. Mais, comme il ne pouvait pas engendrer cette nouvelle race n'étant qu'une idée personnifiée, il a demandé à Gaia de leur donner leur forme tandis qu'il devait se charger lui-même de leur donner l'idée d'une possible immortalité. Il est facile de comprendre que l'idée seule ne pouvait pas faire naître de nouveaux hommes, les manifester, mais aussi que la naissance des hommes qui pensent correspond à la prise de pouvoir de l'idée sur l'acte : la raison prenant le pas sur la violence comme on le voit chez Homère tout au long de l'*Iliade*[21].

Hésiode[22], en faisant se succéder cinq races d'homme, ne fait que proposer, avec sa logique propre, un passé d'où proviendraient les hommes de son temps, des hommes vivant dans des cités administrées plus ou moins bien par des aristocrates qui ont pris la place des monarques. Il n'est pas nécessaire de faire ici de l'histoire pour établir avec précision d'où viennent les hommes de la cinquième race. Il suffit de comprendre que le poète, surveillant son petit troupeau sur les pentes de l'Hélicon, ne peut que donner la priorité à des images, construites avec des mots, des poèmes qu'il déclamait lors de concours poétiques. Zeus est là pour donner plus de valeur aux mots, mais aussi pour rappeler que les dieux sont au-dessus des hommes et que leur justice peut encore les contraindre.

Les aèdes, Hésiode tout particulièrement, nous situent en amont du VIIIe siècle avant notre ère. Il faudrait trouver le moment où sont apparus les hommes qui pensent. Or penser peut se faire sans écrire et cela ne peut que nous ramener bien plus

---

[21] HOMÈRE *Iliade*. Préface Vidal-Naquet. Paris, Gallimard, 1975.
[22] HÉSIODE *La Théogonie. Les travaux et les jours et autres poèmes*. Paris, Librairie Générale de France, 1999.

loin en arrière, l'archéologie nous apportant des jalons que l'histoire des religions n'apporte plus. Mais restons sur le plan des légendes.

Après le déluge, Deucalion et Pyrrha ont jeté les cailloux qu'ils trouvaient autour d'eux et, en les jetant par-dessus leurs épaules, ont fait naître la quatrième race. On aurait pu penser qu'ils auraient fait l'amour pour procréer les nouveaux mortels ! Non ! Les aèdes voulaient que l'on comprenne bien que l'homme, en tant qu'espèce, était fait de deux parties : une matérielle qui sera responsable de tout ce que feront les hommes et une non matérielle, sous contrôle des dieux, avec laquelle les mortels pourront se rapprocher d'eux, peut-être même intégrer l'Olympe, ce qui ne saurait se faire par la violence[23].

Les aèdes ne nous cachent pas que les nouveaux dieux sont hostiles à toute forme d'invasion de leur territoire et nous en avons différentes illustrations. Je retiendrai celle des Aloades qui étaient deux fils de Poséidon et d'une mortelle Iphimédie. Ils grandirent si vite qu'ils devinrent des géants, mais le plus inquiétant était qu'ils avaient décidé de faire la guerre aux dieux. Pour cela, il fallait atteindre leur domaine et ils mirent les montagnes les unes sur les autres : le mont Ossa sur l'Olympe et le Pélion par-dessus. Ils voulaient transformer le monde et finalement les dieux intervinrent. Ou bien Zeus les foudroya, ou bien Artémis qui était responsable du monde originel, de sa virginité, se serait transformée en biche pour passer entre les deux géants tandis qu'ils chassaient. Comme elle avait la vitesse de l'éclair, les deux géants auraient jeté leur lance et se seraient entretués sans pouvoir atteindre Artémis.

Le plus intéressant est l'interprétation que devaient faire les auditeurs. Sans aller trop loin, nous pouvons penser qu'il était évident qu'une invasion du monde céleste était impossible, les dieux montant la garde. Même en possession d'une force de Titan, nous dirions aujourd'hui herculéenne, l'aventure ne

---

[23] Nous retrouvons cette double naissance dans le mythe d'Héraclès, lorsque le héros peut boire du lait divin au sein d'Héra.

pouvait que se solder par un échec. Non seulement les dieux montaient la garde, mais ils possédaient des armes redoutables comme l'éclair ou ce qui revenait au même les flèches d'Apollon et d'Artémis.

Devant cette mauvaise attitude, la bonne ne pouvait être que celle d'Héraclès qui, sous la surveillance d'Héra et par l'intermédiaire d'Eurysthée, son cousin, gravit peu à peu les douze degrés de son initiation avant de pouvoir épouser la fille de Zeus : Hébé, la Jeunesse éternelle.

Il n'est pas indispensable de reprendre la totalité de cette initiation pour comprendre l'enseignement des aèdes. Par contre, il est intéressant d'en interpréter les éléments fondamentaux.

Héraclès est le fils de Zeus et d'une mortelle Alcmène. Il est donc théoriquement un demi-dieu. Le plus important n'est pas la naissance, mais l'envie, à un moment quelconque, de devenir immortel. Alcmène, la femme d'Amphitryon, ne pouvait que lui inculquer l'envie de devenir monarque, comme son père. Zeus, qui n'est qu'une idée ne pouvait rien apporter et il fit en sorte qu'Athéna intervienne pour qu'Héra donne le sein à l'enfant. Autrement dit, c'est Héra qui introduit dans le nouveau-né le besoin de déité et d'immortalité sous l'influence de la raison. À ce stade de la légende, il est possible de dire que c'est la raison qui, dès la naissance, va faire germer ce besoin. Il est aussi possible de souligner que ce sont toujours des déesses qui fécondent les hommes !

Héraclès, qui s'appelle encore Alcide, commence par avoir une éducation de guerrier, semblable à celle d'Achille. Il apprend à conduire un char, à tirer à l'arc, à utiliser toutes les armes pour faire la guerre. Devenu grand, il donne un fils à chacune des cinquante filles de Thespios chez qui il habitait pendant qu'il chassait le lion du Cithéron. Il se marie avec la fille de Créon, roi de Thèbes, Mégara qui lui donne des enfants, huit selon Pindare. Autant dire que le lait d'Héra n'a pas encore fait son effet. Il est même probable qu'elle devait s'impatienter ! Elle voulait qu'il devienne un desservant de son culte et devienne Héraclès, ce qui signifie la gloire d'Héra. Il fallait rompre avec la vie ordinaire et la légende, pour éveiller le besoin de déité ou d'immortalité, fait intervenir un moment de folie pendant lequel il tue ses enfants.

Les enfants représentent une fausse immortalité et le fait de les tuer signifie la volonté de se tourner vers une autre immortalité, divine celle-là. La mort de ses enfants peut alors apparaître comme indispensable à la métamorphose, nous verrons que la sienne le sera aussi !

Il commence alors son initiation durant laquelle il sera également initié aux mystères d'Éleusis. Chaque étape de sa formation le conduit à dominer la matière, qui déborde chez lui d'énergie, afin de laisser de plus en plus de place à son esprit et plus particulièrement à un statut de pasteur, c'est-à-dire de conducteur d'âmes, comme le montre le vol du troupeau de Géryon.

Toujours est-il que ses travaux ne suffiront pas pour lui faire oublier qu'il est d'abord un homme et que la tendance des hommes est d'aimer physiquement plus que spirituellement.

Cette faiblesse, au regard des dieux, est un écueil.

Héra fera en sorte qu'Héraclès tue la reine des Amazones qui voulait lui donner sa ceinture, un gage de virginité, il épouse la reine Omphale et lui fait un enfant, il épouse Déjanire, la sœur de Méléagre, et lui fait un enfant, il prend Iolé comme concubine en faisant la guerre à sa famille qui la lui refusait. Autant dire qu'Héraclès ne pense qu'à ça !

Héraclès ne sait pas, et ne saura probablement jamais que pour devenir immortel il faut d'abord mourir en tant qu'homme !

La dernière intervention d'Héra sera nécessaire. En tant que déesse et responsable des femmes légitimement mariées elle fait douter Déjanire quant à l'amour de son mari. Cette dernière verse sur la tunique qu'il demandait pour faire un sacrifice à Zeus le contenu d'un filtre que lui avait donné le Centaure Nessos. Ce filtre était un poison qui devait conduire le demi-dieu sur le bûcher, autrement dit le lieu où il devait perdre les derniers handicaps à son immortalité, toutes les pulsions qui faisaient de lui un esclave de l'amour mortel et, bien entendu, la matière qui lui donnait sa forme. Alcide ne devient véritablement Héraclès qu'au moment où il monte sur son bûcher et où il abandonne son corps.

Une conclusion s'impose : pour devenir immortel, il ne faut pas aimer d'un amour ordinaire, d'un amour qui conduit à la reproduction. Il faut surtout être aimé des dieux, se donner à eux et, dans le cadre de la légende, cela ne peut se passer qu'en devenant le serviteur des idées qu'ils représentent.

L'immortalité se gagne et le combat contre soi-même n'est pas de tout repos ! Nous pourrions ajouter qu'il n'est jamais fini et ne se termine que dans la mort de la chair, la forme faite de matière que les idées s'efforcent de dominer.

Mais, l'immortalité ne serait-elle pas une idée ? N'aurait-elle vu le jour que chez les hommes qui pensent avant, autrement dit les hommes qui raisonnent comme Homère nous le montre dans l'*Iliade* ? Pouvons-nous affirmer qu'elle n'existait pas chez les hommes qui pensaient après ou ne pensaient pas ?

Les dieux n'ont pas toujours été des dieux qui pensent et nous pouvons envisager ici une page de l'histoire des religions ou une sorte de guerre idéologique que les aèdes ont illustrée en opposant Zeus et les Titans.

N'oublions pas que les légendes ne font que traduire, sous forme symbolique, un changement dans les mentalités, dans les croyances, avec pour objectif d'éduquer les hommes et transformer leurs comportements.

Le mariage d'Héraclès et d'Hébé n'a pas toujours été pensé comme nous le ferions aujourd'hui en souriant, mais n'a-t-il pas été un sujet de préoccupation sous d'autres formes ? Vivre très longtemps, éternellement, a certainement germé dans l'esprit des hommes avant que des images n'en trahissent l'idée.

Peut-on dire que la jeunesse éternelle est la même chose que l'immortalité ? Dans ce cas, le sérum du docteur Alexandre Bogomoletz serait, en 1930, le prolongement d'un tel enjeu ! Toujours est-il qu'être immortel sans rester jeune ne peut devenir que le cadeau d'un dieu malin !

D'autres légendes peuvent compliquer l'interprétation ou lui donner une autre dimension.

La mort d'Héraclès, comme celle de Patrocle, semble signifier que la part de feu qui est attendue par les héros est indispensable pour dissocier la matière de l'esprit et permettre à ce dernier de rejoindre le monde divin. Le feu semble aller de pair avec la maîtrise de la matière et correspondre à une époque qui précède l'*Iliade* puisqu'Homère s'en saisit pour son poème. Il semble difficile d'associer cette pratique avec les champs d'urnes que l'on a retrouvés dans d'autres pays. Par contre, ce que l'on peut dire c'est que, comme aujourd'hui dans les pays où la crémation est encore le traitement choisi pour les morts, cette dernière est souvent dépendante de la fortune des familles, le bois de qualité coûtant cher ou faisant défaut. Pour Achille, le problème ne semble pas se poser, mais Homère n'a pas jugé bon de préciser ce détail.

Par contre, d'autres héros ne bénéficient pas de cette part de feu ou alors le feu change de nature et nous le trouvons plus tard chez Sophocle qui en fait un feu de la Terre, un feu qui accueille celui qui meurt au lieu de lui faire violence. Pour saisir l'évolution des mentalités ou des choix religieux qui correspondent à des choix politiques, puisque les aristocrates sont à l'origine d'une religion de la cité, il faudrait revenir à l'histoire de Thèbes, de Cadmée ou de Cadmos, dans laquelle nous trouvons celle d'Œdipe. Il ne me semble pas nécessaire de reprendre l'histoire du héros, surtout comme a pu le faire Freud. Non ! Le plus important est certainement sa mort proposée par Sophocle dans *Œdipe à Colone,* peu avant sa mort en -406.

Nous sommes loin des poèmes d'Homère et cette reprise de la légende pourrait surprendre. Œdipe s'est aveuglé avant de partir en exil, conduit par sa fille Antigone. À la fin de son voyage, nous pourrions dire aussi à la fin de son existence, il arrive près d'Athènes, dans un endroit qui semble réservé aux Euménides, autrement dit les Érinyes. Il refuse de s'en éloigner ce qui fait craindre la vengeance des déesses redoutables et le peuple en appelle à son roi qui n'est autre que Thésée. Magie, mystère, intervention divine, les Érinyes vont conduire Œdipe là où il doit revenir ou redevenir ce qu'il était avant de naître : de la Terre. Il n'est pas question d'ensevelissement, c'est bien Œdipe seul qui pénètre dans le gouffre que lui ouvre la Terre et il s'y dirige sous l'invitation des Érinyes qui le guident avec un autre regard que celui de ses yeux qui ne voient plus. Il disparaît à ceux des mortels !

Nous avons là une mort totalement différente des morts héroïques d'Homère. Sophocle a-t-il voulu nous rappeler que la mort était aussi un retour à la Terre en tant que matière ? Il était presque centenaire lorsqu'il écrivait sa tragédie ! À la différence des autres tragiques, Sophocle fait intervenir les dieux peu souvent. Il développe, au contraire, une sorte de responsabilité humaine et laisse l'homme dépendant de son destin ou de l'ironie du sort ce qui accentue les comportements des personnages. Cela dit, Œdipe, à Colone, est devenu un protégé des dieux. Mais lesquels ? Zeus n'intervient pas ! Nous pourrions même dire qu'il ne domine pas encore Thémis qui personnifie la loi. Plus important peut-être : les Érinyes sont favorables à Œdipe ! Elles l'aident à devenir immortel, à redevenir de la Terre et non à devenir seulement immortel dans la mémoire des hommes comme les héros d'Homère.

Ce retour est surprenant, car il fait naître le doute ou du moins ne nous parle plus de l'Enfer comme il était coutumier d'en parler. Il n'est plus question d'ombres qui se retrouvent dans l'Hadès après avoir traversé le Styx en donnant une obole à Charon ! Il est clair que nous avons là une image très différente de la mort et du traitement des ombres que Zeus aurait organisé par la suite en utilisant les fils de Minos !

Existerait-il deux types de demi-dieux ?

Pour les hommes, Œdipe est responsable et doit subir la peine qui correspond à son crime. Pour les dieux anciens, les dieux de première génération, il ne l'est pas. En arrivant à Colone, il a payé sa dette aux humains, il reçoit l'amour des dieux qui l'invitent à le rejoindre. Or, il redevient de la terre, il bénéficie d'un retour à l'origine de la vie. Le père de Polynice et d'Étéocle, qui vont s'entretuer pour gouverner Thèbes, n'est responsable que de la faute de son propre père ! Pourquoi les dieux le condamneraient-ils ? Aux yeux de la loi des hommes, qui se réfugient derrière Zeus, il est coupable, mais les atomes qui le constituent ne le sont pas et ce sont eux qui vont pouvoir renaître. Pourquoi Sophocle a-t-il proposé cette mort, plutôt qu'une mort homérique ? À la fin de sa vie, était-il devenu sensible à l'éternel retour ?

Nous retrouvons ici le temps circulaire alors que chez Homère il est nettement linéaire.

Une autre légende peut nous éclairer davantage, celle de Méléagre. C'est presque en marge de l'aventure du héros et de la chasse de Calydon qu'il faut retrouver la symbolique du feu et de son rapport avec la mort. On disait que Méléagre était le fils d'Arès et que les Érinyes s'étaient présentées à sa mère sept jours après sa naissance. Elles avaient dit à Althée que le sort de l'enfant était lié au tison qui brûlait dans la cheminée. Si le tison venait à être consumé entièrement, son enfant cesserait de vivre. Sa mère avait alors retiré le tison du feu puis l'avait mis dans un coffre après l'avoir éteint.

Lorsqu'à la suite de la chasse au sanglier envoyé par Artémis, Méléagre avait combattu ses oncles et les avait tués, sa mère en avait appelé à la vengeance des Érinyes puis avait repris le tison dans le coffre pour le jeter dans le feu, entraînant la mort de son fils.

Cet élément de la légende, peu importe qu'il soit tardif, nous situe à une époque où la puissance des Érinyes n'est pas contestée, comme elle le sera plus tard. Nous sommes donc à un tournant de l'histoire des religions où Gaia, la matière, garde toute sa force dans l'esprit des auditeurs. Retour au passé ou réaction de certains contre la dictature de Zeus ?

La mort de Méléagre serait plus proche de celle d'Œdipe ! Les Érinyes, quelle que soit l'idée que l'on est invité à se faire de leur attitude dans chaque cas, sont surtout des divinités placées sous l'autorité de Gaia ou de sa fille Thémis. Elles font disparaître la forme, mais pas la matière et ne cherchent pas à valoriser une quelconque idée. C'est la forme qui est responsable et doit disparaître.

Si nous cherchons à comprendre l'image que représente le tison, nous nous heurtons à un changement qui dépasse et de loin l'histoire proprement dite ou seulement l'histoire des religions. Le tison nous conduit à l'arbre et à l'arbre de vie, celui qui part de la terre pour monter au ciel. Il est difficile de penser au bois qui brûle sans le retrouver associé à l'image du feu et à sa récupération par les religions que ce soit dans l'Antiquité, l'Ancien Testament ou même le Nouveau, avec la fête de la Saint-Jean d'été qui célèbre le soleil à son apogée et que nous connaissons surtout par l'intermédiaire du feu de la Saint-Jean qui rassemble la jeunesse sautant par-dessus les flammes en se tenant la main deux par deux ! En principe, un tison est prélevé dans le feu et mis en réserve pour animer et nourrir le feu l'année suivante.

Nous ne pouvons pas attribuer à la légende de Méléagre les rituels modernes ou les explications chrétiennes, mais on sait que dans l'Antiquité classique il était habituel de trouver à l'entrée des temples des vases d'eau lustrale qui avait été obtenue en plongeant dans l'eau, de préférence de l'eau de mer, un tison ardant pris dans le feu sacré. Nombre de légendes nous parlent d'amener les dieux jusqu'à la mer pour les baigner, ou d'immersions totales pour chasser toutes les impuretés avant d'accéder à un lieu sacré.

Le monde du profane et celui du sacré étaient séparés par des conventions, mais aussi des rituels de purification et le feu a probablement été élevé à une dimension divine longtemps après avoir éclairé nos ancêtres abrités dans des grottes.

Il est certain que la première observation montre que le feu doit être nourri, alimenté, que le bois qui lui permet de vivre est un combustible. On peut comprendre ensuite que l'on ait pu associer cette combustion à une force surnaturelle, liée aux dieux et que le feu soit devenu sacré. Les légendes ont pu ensuite l'attribuer à Hermès qui en serait l'inventeur. Dans ce glissement, nous voyons nettement comment les aèdes ont utilisé la vie ordinaire pour la déifier. Nous voyons aussi comment ils ont traduit des idéaux qui s'imposaient à leurs yeux.

Ce qui est reconnu de nos jours c'est que le feu anthropique a été nettement précédé par un feu naturel, souvent occasionné par la foudre, comme le montre du charbon de bois fossilisé, mais il est convenu de dire que nos ancêtres ont d'abord ramené des brandons à l'occasion de feux naturels, bien avant de pouvoir le conserver ou de le créer. On trouve des traces de foyer plus de 300 000 ans avant notre ère, mais le feu est partout au moment où l'Homo sapiens peuple le monde, soit 35 000 avant Jésus Christ.

Le feu est probablement l'invention la plus utile à l'homme. Il servait à faire cuire la viande certes, mais il apportait chaleur et éclairage, protection aussi bien le jour que la nuit et il finit par devenir utile pour fabriquer d'autres produits, comme le durcissement de pièces de bois pour faire des lances, plus tard fondre du minerai. Hésiode le suggère lorsqu'il nous dit que Zeus ne veut plus envoyer le feu aux hommes ! Disons qu'il a donné naissance à une fête païenne avant la fête chrétienne qui n'a pas masqué les réjouissances habituelles. On le célèbre après le 21 juin et c'est le soleil qui est alors honoré. Il faut admettre que les astres n'ont pas attendu l'écriture pour impressionner les premiers hommes, en particulier le soleil et la lune. Le solstice d'été représente toujours le moment où le soleil domine la nuit, où le jour est le plus long, où la nature rayonne et où la fertilité montre toute sa puissance.

Socialement on peut comprendre que le foyer soit devenu depuis longtemps, bien avant la sédentarisation, un lieu important. Il a pu n'être que le lieu où se tenait le feu, mais très vite il a dû bénéficier d'un aménagement, d'une sorte de construction en pierre et représenter le centre d'une vie collective, d'une vie familiale. Comment les légendes ne se seraient-elles pas emparées de toutes ces qualités ? Comment les aèdes n'auraient-ils pas associé Hestia au règne de Zeus ?

Lorsqu'Hésiode nous dit que Zeus refuse d'envoyer le feu aux hommes, il ne fait que reprendre une idée de son temps et néglige le fait que les hommes n'ont pas attendu qu'il gouverne les dieux pour s'en servir. Par contre, en parlant de Prométhée, il distingue le feu naturel, le feu qui brûle, et le feu divin qui ne brûle pas, mais qui permet d'acquérir la connaissance. Ce feu, le cousin de Zeus le vole bien à la roue du Soleil et le Soleil est bien un enfant de Titan !

En étudiant le feu, nous comprenons que la mort puisse être envisagée elle aussi sur deux plans : celui du feu qui brûle et celui du feu sans flammes, autrement dit celui d'une mort matérielle et d'une mort spirituelle, d'une mort manifestée et d'une mort seulement pensée.

Alors Méléagre !
Est-il ce brandon que l'on replace dans le foyer et qui nourrit le feu avant de disparaître sous l'effet de la combustion ? Reconnaissons que nous sommes loin de la crémation de Patrocle. Ici, Achille dit bien que l'on trouvera ses cendres à part, distantes de celles des hommes qui ont été sacrifiés à sa mémoire, qu'il suffira de les prendre et de les enfermer dans une urne pour les ramener en Grèce. La mort de Patrocle est donc liée à un culte héroïque alors que Méléagre ou Œdipe disparaissent sans laisser la moindre trace. La vie qui les animait s'éteint en même temps que le feu pour Méléagre, en même temps qu'il pénètre dans la terre pour Œdipe. Il en ira de même pour Thésée qui disparaît dans la montagne, probablement en tombant dans une crevasse, sans laisser de traces lui aussi !

Nous avons donc deux présentations de la mort : une qui semble se traduire par un retour à la terre, mère originelle, la Grande Mère Gaia, une autre qui est étroitement liée au feu et qui s'accompagne d'une sorte de prise de conscience puisque c'est le mort qui réclame sa part de feu, un feu destiné à faire disparaître les traces de la matière. Le feu permettrait alors de délivrer un esprit à la recherche d'un autre statut, celui des ombres qui sont placées sous le contrôle des fils de Zeus et de son frère Hadès.

Les aèdes, ou les poètes par la suite, semblent dire que la réalité matérielle de l'homme doit disparaître pour avoir quelque chance d'obtenir l'immortalité. Tenaient-ils à exprimer la dimension immatérielle de l'immortalité ? Tenaient-ils à faire comprendre qu'elle ne pouvait être obtenue qu'au moment de la mort, comme un cadeau des dieux si la mort les avait rendus dignes à leurs yeux ?

La légende de Tydée, à qui Athéna la refuse nous le rappelle. Tydée avait juste avant de mourir mangé la cervelle crue de son ennemi que lui avait présentée le devin Amphiaraos. Devant cet acte barbare, Athéna avait refusé de lui donner l'immortalité qu'elle avait obtenue de son père !

Il est évident que les légendes suivent de près les changements de croyances et les rituels qui les accompagnent. Il est évident aussi que les légendes, dans leur majorité, sont liées à une période historique qui donne le pouvoir à l'esprit et non à la matière. Le tison contient alors le feu divin et toute la puissance dégagée par le feu d'où l'importance de le conserver précieusement ou pieusement. Mais le foyer confondu avec la fille aînée de Cronos, Hestia, sœur de Zeus, nous permet de penser que Méléagre n'est pas le premier tison qui brûla dans les foyers. Si Zeus a voulu qu'Hestia soit à la fois un centre domestique et un centre religieux, c'est bien parce qu'originellement les hommes en avaient déjà fait le cœur de leur vie matérielle. Les aèdes ne faisaient que lui attribuer ce qui existait déjà !

En oubliant ou en dépassant l'histoire, les légendes insistent sur les faits essentiels qui ont structuré la façon de vivre de nos ancêtres et ne peuvent que se mettre au diapason des nouvelles croyances. Tout ce qu'il y a d'important est mis au service d'une religion et il en ira de même avec la chrétienté qui transformera selon ses priorités le feu païen en feu chrétien au moment où le soleil donne à la nature toute sa force. La matière cédera la place à l'esprit. Le baptême de Jean se fera dans le Jourdain et n'utilisera pas une eau rendue lustrale par un tison sacré. Reconnaissons, et cela peut se voir souvent, que les comportements païens n'ont jamais disparu, même au sein de cérémonies religieuses, comme l'inhumation en particulier.

Il suffirait de rappeler la condamnation d'Antigone pour avoir voulu jeter de la terre sur le corps de son frère, ce que Créon refusait, et le fait toujours actuel de jeter de la terre sur le cercueil au moment de l'enterrement ! Pierre Grimal, dans son *Dictionnaire de la mythologie grecque et romaine*, le dit clairement :

« *Considérant comme un devoir sacré, imposé par les dieux et les lois non écrites, l'ensevelissement des morts, et surtout de ses proches parents, elle enfreignit la défense de Créon et répandit sur le cadavre de Polynice, une poignée de poussière, geste rituel qui suffisait à remplir l'obligation religieuse.* » (p.38)

La fin de vie de Jason nous donne une autre façon de nous représenter la mort et le pouvoir de l'esprit sur la matière, illustré par le pouvoir des dieux sur les hommes.

Jason est connu pour être allé chercher la Toison d'Or en Colchide et en être revenu en tant qu'associé de Médée, et même en tant que mari puisqu'elle lui aurait donné sa virginité pour échapper aux envoyés d'Aeétès. S'il est ensuite connu pour avoir voulu épouser la fille de Créon et pour avoir répudié Médée pour ce faire, il est moins connu pour la fin de sa vie qui le situe à Iolcos, seul, vieilli et se reposant à l'ombre de l'Argo, autrement dit à l'ombre de ses souvenirs. L'Argo, navire symbolique, est en effet au cœur de son existence et représente, pour lui et les cinquante marins qui l'accompagnaient un véritable parcours initiatique.

Pourquoi la mort de Jason devient-elle particulière ? Il meurt écrasé, dans son sommeil, par la proue du navire qui avait été taillée par Athéna dans le chêne oraculaire de Dodone consacré à Zeus. Disons que l'image des aèdes est claire : Zeus a le dernier mot et décide de la mort de Jason, il fait en sorte qu'il soit un de ses émules.

Au début de la légende Jason rencontre Héra, changée en vieille femme et de cette rencontre provient l'idée d'aller chercher la Toison d'Or. En fait, Héra voulait seulement que Jason revienne avec Médée, afin qu'elle châtie Pélias qui était coupable de sacrilège à son égard. La Toison était le problème particulier de Jason. Le voyage seul représentait une série d'épreuves pour plaire à Zeus, Héra, Athéna, Apollon, disons surtout aux dieux de seconde génération qui observaient les demi-dieux.

N'oublions pas qu'Aeétès était fils du Soleil et que Médée en était la petite fille. Nous pourrions dire que ce voyage, à la différence de la chasse organisée par Méléagre, représente un complément de la guerre que se livrent les dieux. En disant que Zeus a le dernier mot je souligne seulement que Zeus ne donne pas la parole à la proue de l'Argo et se contente de prendre la vie de Jason tandis que Médée est parti se réfugier chez Égée à Athènes avant de s'enfuir une fois de plus après le retour de Thésée. Médée pouvait-elle mourir ? La légende la situe ensuite aux Champs Élysées, ajoutant parfois qu'elle aurait épousé Achille !

Comment ne pas voir, encore une fois, que l'imagination des aèdes est à l'œuvre ? Comment ne pas avoir envie de replonger le tout dans l'histoire proprement dite ? Mais aussi comment ne pas s'interroger sur le sens que les légendes donnaient à la vie pour les auditeurs nombreux qui écoutaient religieusement les poètes. Les légendes ne sont pas de l'histoire, mais les aèdes se servent de l'histoire pour éduquer leurs semblables en les enfermant dans des images suggestives. Que nous puissions désirer sortir de la fable, comme Platon, cela est compréhensible, mais, pour comprendre nos aînés, il faut la traverser, il faut la pénétrer. Ulysse n'est pas Ulysse, mais un personnage certainement plus important encore. Tous les héros ne sont que des acteurs qui jouent des rôles dans une pièce de théâtre qui change de génération en génération, au moins de siècle en siècle.

Je crois qu'Homère nous donne une piste qu'il ne faut pas négliger. Lorsqu'Achille demande que les cendres de Patrocle soient mises dans une urne, il ne fait que respecter une tradition. Les cendres des héros étaient ramenées dans leurs pays où elles étaient regroupées dans des lieux privilégiés que l'on a pu appeler Champs Élysées, autrement dit des cimetières de héros, les seuls à bénéficier d'un traitement favorable aux souvenirs de leurs exploits. Aujourd'hui, nous parlons de fosse commune, elle existait dans l'Antiquité et les héros étaient logés à part, concrètement, après avoir souvent navigué sur mer ou sur rivière comme en Égypte. Ce transport était connu d'Homère !

Nous oublions trop souvent que les hommes voyageaient, traversaient les continents et nous négligeons les informations multiples qui nous sont données un peu partout. Poséidon aimait aller en Éthiopie, chez les « nègres » bien avant que naisse Rome, Apollon ira chez les Hyperboréens, Jason en Colchide, Héraclès en Gaule, Dionysos en Inde... Sans parler des colonies que chaque pays cherchait à faire, les connaissances circulaient, passaient les montagnes, suivaient les migrations ou bien alors les sages se visitaient ou devenaient éducateurs de tyrans. Comment tout cela ne se retrouverait-il pas dans les légendes ?

Une légende plus curieuse, distincte des autres, est celle qui concerne Phénix !

Cet oiseau mythique, originaire d'Éthiopie, dont l'histoire nous est rapportée par Hérodote, nous permet d'évoquer le passage entre deux mondes, celui des vivants et celui des morts.

Pour Françoise Labrique le phénix serait le bénou égyptien et son article « *Le regard d'Hérodote sur le phénix (Enquêtes, II, 73)* »[24] nous plonge dans le monde égyptien qui a certainement influencé le monde grec. Pour Hérodote :

« *Il y a encore un autre oiseau sacré, nommé phénix. Pour ma part, je ne l'ai vu qu'en peinture. D'ailleurs, il ne vient en Égypte que rarement tous les cinq cents ans, aux dires des Héliopolitains. D'après eux, le phénix viendrait quand son père meurt...* » (p.119)

Françoise Labrique part de la description d'Hérodote pour effectuer une étude approfondie sur ce qu'il était en Égypte et nous dit :

« *La tradition égyptienne associe le bénou majoritairement à Atoum, Rê et Osiris et c'est des deux premiers aspects du dieu solaire que le bénou a hérité de l'épithète " né de lui-même "...*

En tant que Soleil il est Atoum ou Rê, en tant que défunt il est Osiris dont il utilise la fonction pour assurer la renaissance à la fin de la nuit... » (p.123)

Hérodote est un historien qui ne craint pas de présenter ses observations à partir de ce que ses contemporains peuvent comprendre en établissant un parallèle avec leur propre environnement. Il ne fait ici que rapporter une légende égyptienne, certainement plus ancienne que la majorité des légendes grecques. Certes, la légende de Phénix est étrangère, mais elle éclaire d'un jour particulier le passage entre les deux mondes, indépendamment d'un besoin d'immortalité. Le Soleil est immortel, mais il meurt tous les soirs et renaît tous les matins. C'est certainement cette répétition qui a marqué les esprits avant de donner naissance à des légendes. N'oublions pas qu'Hérodote

---

[24] LABRIQUE F. « Le regard d'Hérodote sur le phénix (Enquêtes, II, 73) in *Hérodote et l'Égypte*, Lyon, CMO 51, Maison de l'Orient et de la Méditerranée, 2013, pp.119-143.

est né en -480 alors que Platon est né en -428 ! Homère ou Hésiode pouvaient-ils connaître la légende de Phénix qui ne manquera pas d'attirer l'attention des mythographes, des poètes, des astrologues ou des naturalistes ? Par contre, Sophocle a-t-il pu la connaître ?

Sans reprendre la légende, nous pouvons retenir l'idée de renaissance qui la domine. Platon reprendra ce sujet en parlant du soldat Er et de la possibilité de se souvenir de sa vie antérieure si l'individu ne boit pas trop de l'eau de l'oubli. Autant dire que chaque peuple a posé le problème de l'immortalité ou de la renaissance. Ici, les Égyptiens semblent avoir trouvé une solution particulière : un enchaînement de morts et de renaissances dont le Soleil est un exemple. Nous pouvons dire que les Grecs vont privilégier la continuité plus que l'alternance. Toute l'organisation divine apparaît alors comme dépendante de l'idée que les hommes ont pu avoir de la mort.

Il est clair que Zeus ne voulait pas que la renaissance puisse échapper à son pouvoir. Faisons-nous assez attention au fait qu'Asclépios, le fils d'Apollon, aurait été éduqué par le Centaure Chiron ? Il lui aurait appris la médecine et il serait devenu très habile dans cet art. Il aurait même découvert la possibilité de rendre la vie et les aèdes ne manquent pas de nom pour justifier leur propos. Glaucos, le fils de Minos, Hippolyte, le fils de Thésée, Lycurgue pendant la guerre contre Thèbes figureraient parmi les heureux mortels revenus à la vie ! Il bouleversait l'ordre établi par Zeus et ce dernier le foudroya, entraînant la colère de son père Apollon qui, à son tour, mit fin à la vie des Cyclopes !

N'oublions pas que Zeus avait donné la royauté des Enfers à son frère Hadès et que pour contrôler les ombres, il lui avait adjoint Minos, Rhadamanthe et Éaque dont le travail infernal consistait à les juger. Mais retenons surtout la présence de Cerbères qui interdisait aux ombres de revenir à la lumière du jour. Une fois passé le Styx, les morts ne revenaient pas à la vie et si Héraclès put le faire c'est qu'il n'était pas encore mort.

Orphée si bon chanteur soit-il ne pourra pas faire renaître son épouse Eurydice [25] !

L'interprétation semble assez simple. Chiron est le fils de Cronos et de Philyra, une fille d'Océan. Il est donc immortel comme ses parents, autant que Zeus. Ce sont les aèdes qui en ont fait un centaure ce qui complique l'interprétation de sa nature monstrueuse. Chiron, qui instruit les demi-dieux, ne serait-il pas le symbole d'un être à la fois charnel et doué de raison, un être qui tiendrait de ses origines terrestres des connaissances qui permettraient aux hommes de rivaliser avec les dieux ? S'il a pu instruire Asclépios, comme d'autres héros légendaires, c'est parce qu'il tenait de Gaia, la mère des dieux et des hommes, les connaissances indispensables. De plus, Gaia, comme Ouranos, comme Prométhée étaient capables de prédire l'avenir. Disons que les premiers dieux possédaient des qualités qui semblent disparaître chez les enfants de Cronos. Zeus, en prenant le pouvoir à son père, ne pouvait supporter que quelqu'un d'autre ait un pouvoir supérieur au sien, or rendre la vie est l'acte le plus important qui soit aux yeux des mortels.

Traduisons en langage moins symbolique ! Les hommes qui pensent avant ne peuvent souffrir que d'autres connaissances puissent être utilisées sans passer par une convention politique : l'esprit doit dominer la matière en toute chose et à tout moment. Renaître ne peut se concevoir en dehors de l'idée souveraine qui fait de la vie et de la mort un ensemble cohérent qui ne peut être contourné. Si les hommes, ou la matière pouvaient redonner la vie, ils pourraient se passer des dieux ! Sous le règne de Zeus, imposé par des hommes qui pensent avant, tout est organisé autour de la mort, de l'impossibilité naturelle de renaître ainsi que de la nécessité de croire en la puissance divine.

Les légendes ne peuvent qu'entretenir cette croyance, autrement dit figer les comportements des mortels sous la forme d'une servitude que rien ne peut remettre en question. Certes,

---

[25] La légende semble montrer que le regard d'Orphée est la cause de la mort définitive d'Eurydice. Nous retrouvons ici l'opposition entre le pouvoir des yeux et celui des oreilles !

celle-ci permet d'assurer une qualité de vie à l'époque où les cités doivent s'organiser, mais on peut noter aussi que cette façon de respecter l'ordre n'a pas empêché les hommes de commencer à s'entretuer pour s'imposer, se conquérir, posséder des territoires après les avoir convoités !

Les légendes qui parlent de la mort ne peuvent le faire qu'à partir de traditions ancestrales, elles-mêmes enracinées dans des observations qui n'étaient pas des idées. Elles traduisent à la fois les préoccupations des mortels et leur évolution, à la fois celles des hommes qui prirent le pouvoir et changèrent les règles en fonction de leurs besoins politiques. Les dieux n'y sont pour rien, mais ils comptent beaucoup au sein d'une population crédule que nous retrouvons plus près de nous dans l'expression « moutons de Panurge ». Les légendes servaient à contraindre des hommes incultes et nous comprenons mieux l'image des assemblées divines chez Homère dans l'*Odyssée*[26]. L'agora n'existe toujours pas vraiment et ce sont souvent les mêmes qui haranguent les foules !

Oui, les légendes pèsent lourd dans le processus d'asservissement et nous oublions trop qu'il dépend de l'affectivité et non de la raison. Platon critiquera cet enseignement, mais il fait encore figure d'enseignement prioritaire pour les foules. Nous l'utilisons toujours et les médias modernes en sont un modèle qui met en évidence l'impossibilité de s'en passer pour convaincre ou pour diriger.

Que sont les réclames qui nous conduisent vers des achats inutiles à côté des légendes antiques ? Que sont des photographies retouchées qui nous font réagir en nous trompant ? Les idées ne sont-elles pas, aujourd'hui comme hier, des images destinées à nous guider vers une acceptation du pouvoir en place, qu'il soit politique ou simplement commercial ?

La bénédiction du mort par une religion quelconque n'est-elle pas uniquement une marque de servitude vis-à-vis d'idées qui ne peuvent être acceptées que sur le plan affectif. Zeus personnifiait l'idée, il avait engendré la raison, mais, depuis longtemps, les

---

[26] HOMÈRE Odyssée. Préface de Paul Claudel. Paris, Gallimard, 1955.

philosophes ne nous ont-ils pas appris que la raison est affaire de croyance ?

Au moment où les aèdes colportaient leurs récits, souvent en s'accompagnant de la lyre pour scander leurs vers, les légendes étaient comme une sorte de lien entre les hommes. Elles dominaient leur quotidien et démultipliaient le pouvoir des desservants de cultes souvent associés à des sites oraculaires. Que ce soit Tirésias ou Calchas, il est rare qu'ils ne soient pas appelés pour résoudre quelque énigme. Le premier intervient plus particulièrement à Thèbes, le second pendant la guerre de Troie. Même à propos des devins, nous retrouvons l'opposition entre les deux générations divines. Tirésias serait plutôt en rapport avec les premiers dieux Calchas avec les seconds, plus particulièrement Apollon, mais comme l'écriture des légendes nous situe longtemps après l'avènement de l'idée, il est difficile de les différencier vraiment. Amphiaraos était aussi en devin protégé par Zeus et Apollon. Il devait contre son gré participer à la première expédition contre Thèbes et y trouver la mort. Comment peut-on expliquer, lors de la déroute, qu'Amphiaraos s'étant enfui aurait été sauvé par Zeus alors qu'il allait être rejoint par son ennemi Périclyménos. Il avait atteint les bords du fleuve Isménos et Zeus aurait alors entrouvert la terre engloutissant le devin, son char et son cocher.

Amphiaraos n'aurait-il pas plutôt bénéficié de l'aide de Gaia qui l'aurait accueilli en son sein ?

Vouloir déceler l'état d'esprit des aèdes sous les images qu'ils nous donnent est une mission impossible. Nous ne pouvons qu'émettre des interrogations dans nombre de cas. Ce que nous pouvons admettre plus facilement c'est bien le poids des légendes dans l'éducation des hommes à la fois incultes et croyants, la croyance couvrant les lacunes de la connaissance. Disons qu'à cette époque, cette dernière est personnifiée par Dédale et ses inventions. Athéna n'est qu'une digne descendante de son rusé de père et l'homme qui pense avant n'est pas encore capable de raisonner à partir d'observation et intellectuellement. Les héros d'Homère ne peuvent raisonner qu'à partir de leur affectivité. Il faudra des siècles pour que la raison devienne le socle de la justice, même si Eschyle en sent le besoin.

AVANT LES LÉGENDES

Il n'y a pas toujours eu des légendes écrites ou même orales, des poésies chargées d'images et d'invitations à mieux se comporter. Il n'y a pas toujours eu des aèdes allant de ville en ville pour instruire les hommes ou seulement les distraire.

Je crois que nous oublions trop que les villes n'ont pas toujours existé et que les hommes ne se sont pas regroupés dès leur apparition en tant qu'espèce nouvelle. J'irai encore plus loin en disant que nos ancêtres n'ont pas toujours associé des mots et des choses et qu'ils ont pu vivre longtemps sans utiliser des groupes de sons articulés et porteurs de sens, plus ou moins bien liés aux objets qu'ils auraient été chargés de représenter. Il faut peut-être se faire violence, mais comment pourrions-nous utiliser le mot « changement » si nous considérions que rien n'a changé et que l'homo sapiens a toujours pensé la vie à l'aide de notre vocabulaire ?

Tenter de regarder vivre l'homme au moment de son apparition en tant qu'espèce c'est pénétrer dans le temps long, très long et même revenir à une page de notre existence pour laquelle aucune histoire objective n'est possible. Il faut échapper à l'emprise des mots, et cela n'est pas chose facile ou même possible, surtout lorsque nous avons pris l'habitude de tout traduire en idées ou simplement en images poétiques. Il n'est pas possible de nous exprimer comme nos ancêtres et avec un langage qui nous permet de dire clairement ce que nous imaginons, ce qui n'était pas le cas jadis. Enfin, lorsque je dis clairement cela reste relatif !

Pour nous rapprocher de nos semblables d'un autre temps, il est préférable de revenir en amont d'une intelligence discursive et de faire appel à l'affectivité qui reste le témoin privilégié de ce que fut l'homme à ses débuts. Ne l'oublions pas : le cerveau tel que nous pouvons l'observer est un produit moderne, le résultat d'un changement quantitatif et qualitatif qui a duré plus de huit cent mille ans. Or, les hémisphères cérébraux qui sont la couche la plus superficielle de notre cerveau n'ont pas détruit les couches plus profondes qui permettaient de nous adapter il y a bien longtemps. Je dirai qu'il faudrait descendre dans les cellules pour apprendre qui nous étions, mais je crois que ce type de voyage n'est pas sans danger vis-à-vis du monde dans lequel nous vivons. Je l'ai abordé dans un livre intitulé *Éloge de la matière* et j'y renvoie le lecteur.

Les scientifiques peuvent nous dire comment fonctionnent l'ensemble du système nerveux, les différentes parties du cerveau, mais cela n'implique pas que nous puissions connaître autant de situations qu'il existe de contrôles conscients et inconscients, volontaires, automatiques ou réflexes. Les premiers hommes n'ont pas utilisé le même cerveau que nous, ils ont survécu autrement.

Les légendes appartiennent à un monde déjà grandement structuré, ordonné, politisé ou simplement administré dans lequel l'homme découvre quotidiennement des avantages et des défauts à ses comportements et cela par rapport à un temps qui n'était probablement pas encore tout à fait linéaire. Les légendes nous parlent d'une qualité de vie qui laisse dans l'ombre des difficultés découlant de la survie qui existe encore, ce que ne fait pas Hésiode en partant de ses propres déboires vis-à-vis de son frère. Dans *Les travaux et les jours*, il en appelle à la justice de Zeus pour mettre de l'ordre là où les aristocrates ont mis le désordre. Mais, nous ne voyons pas très bien comment vivent les mortels, si ce n'est en travaillant la terre et cela d'autant plus qu'ils ont des enfants et cherchent à satisfaire une femme qui reste la cause apparente de la procréation. L'homme travaillerait pour satisfaire une femme et des enfants et en oublierait les dieux qui, se sentant délaissés, remonteraient dans le Ciel !

Hésiode ne s'est pas donné la peine d'imaginer ses ancêtres autrement que sous la forme de maillons de chaîne, la chaîne conduisant à la cinquième race, la sienne, et à des comportements ordonnés selon une politique qui semble indiscutable. Tout ce qu'il désigne sous le nom de puissance ou de divinité ne fait qu'imager la réalité de son temps, ou mieux encore y conduire de façon irréversible. Son passé est construit à partir de son présent ce qui est compréhensible, et c'est ce que nous faisons sans le savoir très souvent.

Il suffit de dater l'apparition des premiers labours autour de la méditerranée et de revenir approximativement 3000 ans avant notre ère pour comprendre que les légendes nous parlent d'une époque relativement récente. Lorsque Ulysse fait semblant de labourer son champ pour ne pas partir faire la guerre aux Troyens, nous sommes bien au temps des Achéens juste précédés par celui des Minoens. L'araire est un mot, mais elle est aussi un objet qu'il a fallu inventer et son invention permet de dater les débuts d'une agriculture balbutiante, les débuts des efforts ingénieux des hommes pour travailler la terre autrement qu'avec des outils encore moins performants. Qui dit araire dit aussi traction animale et cela signifie que les hommes qui labouraient pouvaient le faire en se servant d'animaux domestiqués. Il est donc permis de déduire de cette simple remarque que les hommes savaient déjà élever des animaux que ce soit pour le travail ou pour la nourriture.

Lorsque les Achéens d'Homère font la guerre aux Troyens, ils le font en utilisant des chars qu'ils ont transportés sur leurs bateaux ainsi que des chevaux. Nous pouvons en déduire qu'ils connaissent l'art de les atteler. Disons tout de même que le mors ne fera son apparition qu'avec les Phéniciens soit 1000 ans avant notre ère ! Il n'était probablement pas connu depuis longtemps lorsqu'Homère nous montre les héros de l'*Iliade* s'affrontant en combats singuliers.

Les hommes n'ont pas toujours navigué sur des navires de cinquante rameurs, chargés de vivres et d'armes diverses pour conquérir d'autres continents. Ils ont pourtant vécu et se sont adaptés !

Ces quelques détails montrent que les mots se rapportant à des objets ont bénéficié pour voir le jour de tout ce qui existait en amont de leur invention. S'il est possible d'imaginer la vie de nos ancêtres à partir des mots, que faire lorsque ces derniers font défaut, autrement dit lorsque les objets usuels manquent pour imager leur qualité de vie ? Nous sommes bien obligés de faire preuve d'imagination !

Remarquons que très souvent c'est grâce à l'inhumation de leurs semblables que nous apprenons comment ils vivaient !

Là encore, il ne faudrait pas penser que l'inhumation a toujours existé ! L'histoire de la mort ne saurait nous conduire à l'histoire des vivants, de ceux qui ne se souciaient pas encore de leurs morts ! Que représentent 100 000 ans, si c'est le commencement d'un attachement à leurs morts, pour comprendre les premiers hommes ? Cela ne peut nous dire quand la mort est devenue un objet qui avait du sens pour nos ancêtres !

Il devient plus difficile de dater certains changements, comme l'usage domestiqué du feu. Avant de produire le feu et de le conserver durablement, l'homme s'est servi d'un feu sauvage, un feu naturel qui s'imposait à lui de façon dramatique. Si l'on considère que le feu fut connu vers 300 000 ou 400 000 ans avant notre ère, nous pouvons penser que la cuisson des aliments a changé leur qualité de vie, mais il ne faudrait pas croire que l'idée de cuire la viande a germé spontanément dans leur esprit ! Des chercheurs pensent que l'homme a grillé sa viande il y a près d'un million d'années avant notre ère ! Mais comment la grillait-il ? Certainement pas sur un gril en fer comme nous le connaissons. N'oublions pas que la métallurgie du fer demandait une température supérieure à celle du bronze et donc des fours plus puissants. Si la fusion de l'or était possible en -6000, celle du cuivre vers -4000, celle du fer nous situerait vers -1500. Notons que les bijoux précèdent, et de loin, les armes en fer, comme les outils en fer, en particulier le soc d'une charrue ou toutes sortes de haches permettant de désherber ou de déboiser autour des villages. La civilisation d'Hésiode, la cinquième, celle du fer, succède à celle du bronze, celle dont parle Homère dans l'*Iliade*.

Comment ne pas percevoir dans ce changement très important, le renforcement du pouvoir des chefs de guerre comme les progrès en matière d'agriculture et d'habitation ?

Nos ancêtres ont probablement posé leur viande directement sur le feu avant de trouver le moyen de l'en éloigner pour un meilleur usage. Ce que l'on oublie d'ajouter c'est que le régime alimentaire changeant, l'homme a changé lui aussi. La viande cuite apportant plus d'énergie que la crue et les cellules nerveuses en étant friande, le cerveau a donc pu se développer tandis que nos mâchoires perdaient de leur force et qu'une partie de leur utilité disparaissait.

Le mot gril nous conduit à penser que nos aînés faisaient cuire la viande sur le feu, mais les légendes, celle de la mort de Pellias voulue par Héra et réalisée par Médée, par exemple, nous rappellent qu'ils ont pu aussi faire bouillir leur nourriture dans des chaudrons posés sur le feu.

Là encore, il faut admettre que les objets avaient été inventés et nommés pour que les aèdes puissent en parler. Probablement faudrait-il revenir à la construction de ces objets qui précèdent les mots et, par conséquent, à la nature des besoins ou des efforts d'adaptation qui en sont l'origine. L'association du travail de la terre et de la cuisson a permis la fabrication de vases, de diverses formes de réservoirs pour stoker de la nourriture, mais il est peu probable que ces ustensiles aient servir durant les pérégrinations des hommes poursuivant le bétail en fonction des saisons. Pour construire des navires, il fallait des lieux appropriés, il fallait ensuite les mettre à la mer, les gréer ce qui nous situe au cœur d'une industrie que l'homme n'a conquise que progressivement. Il en est allé de même pour tout progrès dans l'art de survivre.

La légende de Dédale nous permet de rappeler que l'homme observateur a inventé nombre d'objets à partir de ses besoins, mais aussi à partir de réalités rencontrées un peu partout. Dédale aurait tué son neveu Talos par jalousie parce qu'il avait inventé une scie en observant la mâchoire d'un serpent ! Que dire de la masse d'armes utilisée par les chevaliers de longs siècles après ?

Inutile de faire l'inventaire des images légendaires, nous comprenons vite qu'elles nous parlent d'un moment où les hommes travaillaient la terre, cultivaient difficilement leurs petites propriétés lorsqu'ils en avaient une, élevaient du bétail, souvent dans les bois ou les contreforts montagneux, allaient à la pêche en mer et se servaient de filets, allaient à la chasse avec des lances ou des arcs. Nous apprenons aussi qu'ils faisaient souvent la guerre, que ce soit pour rester maîtres de leur territoire ou bien pour faire main basse sur des trésors convoités. La confrontation des populations est telle qu'elle conduit alors à fortifier les villes, élever des remparts, bientôt à organiser les hommes en classes d'âge et les préparer à une guerre de forme nouvelle qui ne fera pas disparaître pour autant le classique face à face de deux chefs ou héros qui veulent en découdre. Il faudrait lire l'histoire de Guillaume le Maréchal pour voir que cela a duré longtemps après la guerre de Troie et continue encore. Le duel, interdit régulièrement par des lois, était encore de mise au début du XXe siècle !

Nous pouvons admettre que l'évolution de notre capacité de penser et d'innover s'est accélérée dans les derniers dix mille ans, à partir du Néolithique. L'homme a progressé physiquement et intellectuellement sans en prendre conscience tout de suite et les aèdes évoquent pour nous presque la fin d'un processus qui n'a rien de miraculeux.

Nous avons pris l'habitude de parler d'invasion, de migration, de colonisation, mais cela nous entraîne à traiter de problèmes qui ne touchent que des hommes déjà organisés, possédant une culture et un langage. Nous ne remontons pas facilement plus haut dans le temps ! Or c'est ce qu'il faut essayer de faire, même si les preuves nous manquent, même si les mots font défaut pour désigner des objets méconnus ou mal connus, non encore isolés du reste du monde.

Je crois que les premiers hommes découvrant le feu n'ont pas nommé spontanément ce dernier, ils l'ont regardé avec étonnement et peut-être l'ont montré du doigt à leurs proches tout en grommelant des sons sans véritable signification, mais avec l'intention de lui porter attention, de s'en méfier, un peu comme une mère le fait encore avec ses enfants. Devant le feu, ils ont probablement commencé par fuir comme les animaux ! Ce n'est que bien après qu'ils l'ont utilisé pour chasser ou pour mieux vivre. Puisque le feu faisait peur, il pouvait aussi protéger ceux qui arrivaient à le domestiquer et l'usage de se regrouper autour d'un foyer capable d'écarter des forces néfastes devint une norme avant que les mots feu et foyer soient réellement prononcés. L'objet existait et nous pouvons penser que d'autres objets ont longtemps existé dans l'environnement des hommes sans qu'ils bénéficient d'un nom qui puisse les représenter.

Les mots n'ont pas créé les choses et la nature ne s'est pas disloquée en millions d'objets d'elle-même. Il a fallu que l'homme s'interroge, à l'issue d'une rencontre souvent inattendue, et trouve, dans l'usage et une relation purement affective, la possibilité d'en évoquer la réalité. Les peintures rupestres sont les témoins de cet effort de représentation et le début d'un langage qui n'avait peut-être pas de mots ou de sons appropriés pour en partager l'expérience avec les autres membres de son groupe.

L'homme a essayé de faire du feu, ou de le voler à ceux qui l'avaient, avant de lui donner le nom que nous lui connaissons et que nous retrouvons tardivement dans les légendes. Faut-il souligner au passage qu'entre le feu qui brûle et le feu divin qui ne brûle pas il y a certainement un écart qui se chiffre en millénaires !

Ici il faudrait tenir compte de la curiosité des hommes et la nécessité, pour survivre, d'explorer l'inconnu. L'homme n'a pas regardé le monde en pensant qu'il était divisé en deux : celui des hommes et celui des dieux, plus tard en trois en ajoutant celui des morts. Parce que nous croyons que les dieux ont toujours existé et que les hommes se sont toujours intéressés à leurs morts, nous gommons une grande partie de leur existence en oubliant qu'ils n'ont pas toujours pensé comme nous le faisons. Comme toutes les espèces, l'homme a été confronté à son environnement et a combattu pour survivre, en quelque sorte tuer tous ceux qui voulaient prendre sa place.

Nous ne mesurons pas assez la différence qu'il y a entre tuer pour survivre et conquérir pour les mêmes raisons ! Le taureau fut d'abord un animal vénéré pour sa puissance. Il représentait la force physique, mais aussi la fertilité, peut-être même était-il le représentant visible des forces invisibles ? Les Crétois adopteront les coutumes égyptiennes et y ajouteront des jeux qui restent d'actualité. Avant que le taureau ne soit sacrifié, les jeunes gens ou jeunes filles se servaient de leurs cornes pour sauter par-dessus l'animal ! Comment est-on passé de la chasse ou du sacrifice à l'élevage de ce monstre qui faisait peur ? Nous oublions de nous interroger sur la cascade d'événements qui ont dû y contribuer ! Si nous connaissons l'insémination artificielle, disons que nos ancêtres avaient appris à utiliser la fécondité du taureau pour faire grandir leur troupeau.

Bien entendu, nous pourrions faire l'inventaire de tous les objets utiles à l'origine de l'adaptation de notre espèce. Disons, sans remonter très loin dans le temps, que la roue n'apparaît que vers 3500 ans avant notre ère, le transport animalier approximativement plus tôt, vers 4000 ans, alors que la poterie était connue il y a 20 000 ans. Le blé et le maïs ne sont cultivés que depuis 9000 ans ! L'important, souvent négligé, reste ce que les chercheurs appellent la « révolution néolithique » à savoir le passage de la chasse-cueillette à l'agriculture-élevage entre 1400 et 700 ans avant notre ère. Toutes les inventions découlent de nouveaux besoins, d'une adaptation différente, d'une survie modernisée. Les mots, le langage ne pouvaient que se développer à partir de réalités existentielles ! Ne faudrait-il pas penser que la raison prend alors le pas sur la magie, le concret sur l'abstrait, la performance sur le rêve ? Ne pourrions-nous pas expliquer l'engouement pour les jeux athlétiques à partir de cette même révolution ? Mais, ce bondissement dans le théorique, dans l'idée qui prévoit n'a pu exister que sous l'effet d'une longue maturation au contact de la nature, des problèmes qu'elle posait aux hommes. L'évolution de l'habitat pourrait en témoigner.

Il vaut mieux ne pas s'attarder sur l'idée que nos ancêtres vivaient dans des grottes. Ils l'ont fait lorsque cela était possible et préférable. Mais après avoir vécu dans les arbres pour se protéger de certains animaux, d'autres ont construit des huttes à l'aide de branchages parfois recouverts de peaux, des huttes faites en torchis, autrement dit en paille et en terre, parfois avec un toit et pouvant accueillir vingt ou trente personnes, des maisons sur pilotis, ou encore des maisons en pierre comme on en trouve les vestiges à Chypre en -6000. Il faut admettre que l'habitat, qui est un lieu où l'on se réfugie pour dormir, n'était pas permanent, pouvant être réalisé pour une journée ou une saison et en relation avec les lieux de construction. Il deviendra individuel à l'âge des métaux, mais sous forme de regroupements, de villages ou de villes. Comment ne pas associer l'habitat et la révolution néolithique ?

Certes, le cerveau de l'homme y est pour beaucoup, mais sa taille et sa fonction dépendent d'un changement de nourriture et d'une transformation des méthodes de survie, elles-mêmes liées à des observations de plus en plus précises sur l'inconnu que représentait son environnement. Si nous avons tendance à rassembler des observations pour évaluer ce qui change, il faudrait surtout tenir compte de la nécessité qui pousse les hommes à comprendre la survie et à prévoir les effets de leurs actes. Tout est lié et si l'homme change physiquement, mentalement, il le doit à ses observations, ses déductions, ses premiers raisonnements, sa capacité à rester victorieux dans un affrontement quotidien. Parce que le cerveau de l'homme devient plus performant, son monde de vie change et inversement ! Comme nous le disons familièrement : il n'y a pas de fumée sans feu !

S'il était un mot que nous utilisons souvent, il n'était sûrement pas familier de nos ancêtres.
Le temps est bien un mot, mais il se rapporte à un objet qui n'a pas toujours été observé de la même façon, qui n'a donc pas toujours eu le même sens, le même rapport à la réalité qu'il représentait. Disons aussi qu'il n'a pas toujours été considéré comme un objet. L'homme qui était étroitement lié à l'immédiateté ne pouvait imaginer que le présent, pour ne pas dire l'instant.

Il faudrait distinguer au moins deux sens que l'on perçoit dans l'adjectif que nous associons au nom : la nature cyclique pour l'un et la nature linéaire pour l'autre. Peut-être même serait-il permis de dire vectoriel ? Nous connaissons bien le second puisque nous lui avons sacrifié l'instant que nous nous plaisons, souvent par force, à oublier pour vivre dans le passé ou dans le futur, la vie ne revenant jamais sur ses pas, si ce n'est par la pensée. Certes, nous aimons fêter des anniversaires, mais pour ajouter un an à la période qui s'achève.

La mort est alors le changement qui met un terme à cette trajectoire. Mais la mort est un mot sur lequel il faudra revenir plus longuement.

Le temps linéaire, qui continue à nous servir quotidiennement, a certainement succédé au temps circulaire, naturel, observable, quantifiable, pour des raisons pratiques lorsque les hommes ne se sont plus trouvés liés aux saisons sous forme de migrations, surtout lorsqu'il fut utile de situer ses actions, non seulement vis-à-vis de l'espace, mais aussi vis-à-vis d'un ordre jugé utile. Ajoutons qu'à cette époque les mots existaient et que les associations d'idées permettaient depuis longtemps de concevoir des légendes !

L'espace devenant organisé, devenant relativement figé pour des hommes sédentaires, le temps n'était plus lié à des exodes indispensables et il est possible que nos ancêtres aient trouvé utile de se doter d'un temps lui aussi organisé avec un avant et un après ou même un pendant, plus utile pour rassembler ou regrouper les connaissances et juger d'un progrès. Nous pouvons imaginer que les hommes ont commencé à se différencier entre des êtres qui pensent avant ou après et pour des raisons bien pratiques, nous pourrions dire plus politiques au sens large du terme.

De son côté, le temps circulaire met l'accent sur une sorte de recommencement, de renaissance et la végétation est bien le phénomène le plus impressionnant pour montrer que l'homme peut imaginer sa vie comme s'il était un arbre qui se dépouillé de ses feuilles en hiver et les retrouve au printemps. Il en va ainsi de toutes les plantes, ou presque, et les hommes n'ont pu qu'observer les saisons qui s'imposaient à eux, comme elles continuent à le faire de nos jours. La différence est qu'autrefois, les hommes vivaient grâce aux plantes ! Il ne faudrait pas oublier le monde animal aussi, les hommes ont bien dû observer la perte des cornes chez le cerf tous les ans ou l'hibernation des ours qui était un animal plus répandu que de nos jours !

Les premiers hommes ont vécu longtemps de chasse et de cueillette. Ils ont donc été tributaires, pour se nourrir, des changements climatiques, lorsqu'il en existait bien entendu. Comment ne pas percevoir ici un changement important entre les hommes qui vivaient en respectant un temps circulaire et les hommes qui allaient adopter un temps linéaire essentiellement pour des raisons d'organisation, d'efficacité.

Que ce soit pour la chasse ou pour la cueillette, il fallait migrer en fonction des saisons et nous comprenons que ces dernières puissent être mentionnées dans les légendes et même reprises en main par Zeus lorsqu'il devint roi. La chasse imposait de suivre le bétail, or le bétail migrait pour trouver sa nourriture, les hommes ne pouvaient que le suivre pour se nourrir eux-mêmes. En se déplaçant, nos ancêtres ne faisaient que survivre ! Ils ne pensaient pas, ils respectaient la nature, agissaient à partir des normes qu'elle leur imposait. Le retour périodique d'une nourriture ne pouvait qu'être salué avec plaisir par une population liée à sa production naturelle.

Nous ne pensons pas toujours que pour inventer des réserves alimentaires, il fallait des lieux appropriés et surtout un mode de vie différent, incluant la production et la conservation. Nous pouvons imaginer des transports par dos d'animaux domestiqués ou à l'aide de chars ce qui nous renvoie à l'invention de la roue. Les hommes ont porté des charges sans dire qu'ils portaient ! Ils n'ont pas toujours eu un char tiré par des cygnes pour aller chez les Hyperboréens non plus !

Faut-il souligner que, pendant longtemps, le seul éclairage dont nos ancêtres purent jouir était celui du soleil ? Or le soleil brille le jour et disparaît la nuit. Il était un tel cadeau de la nature que les hommes ont pu craindre qu'il ne puisse pas renaître et qu'ils en ont fait une puissance naturelle, bientôt une divinité pour laquelle il fallait imaginer une protection. En fait, tout était incompréhensible à leur époque, tout semblait relever du mystère, et l'homme a bien pu commencer, dans sa confrontation avec les éléments naturels, par imaginer une première distinction et donc un possible dialogue, un échange de bons et loyaux services sans qu'il soit nécessaire de personnifier de tels partenaires.

Pour que les dieux viennent à exister, il fallait qu'ils puissent se rapporter à des objets précis. Disons que le mot avait besoin de l'objet pour prendre son envol et subir à son tour toutes sortes de changements. On peut alors comprendre que les dieux soient identifiés, personnifiés, mais surtout distingués à partir de leur utilité. Pour l'homme ordinaire, le plus important était sa fonction et nous comprenons qu'Arès soit associé à la guerre, Aphrodite à l'amour pour ne prendre que ces deux exemples ! Chaque divinité dominait une fonction et il est compréhensible que Zeus ne pouvait pas être le dieu du plaisir, mais celui de l'ordre.

Je suis persuadé que les premiers hommes ont vécu l'instant en permanence ou presque et n'ont pas eu le temps, c'est le cas de le dire, de s'interroger sur les effets et les causes de leur existence. Ils survivaient tant bien que mal et pouvaient rencontre la mort sans qu'elle soit associée à un fait particulier, un moment privilégié dont il fallait tenir compte. En vivant l'instant, l'homme pouvait penser après comme Épiméthée, il ne mémorisait pas encore les effets de ses actes pour éviter certaines causes ! Nous pouvons comprendre que la recherche d'une plus grande efficacité dans tous les secteurs de la survie soit à l'origine d'un début de prévision et, en même temps ou presque, d'un début d'identification. Avant de donner un mot aux choses, les hommes les ont observées, les ont intégrées dans leurs cellules, leur corps pour dire simplement les faits, les ont classées en les dissociant comme utiles ou dangereuses. Avant d'identifier un lion, il a fallu que l'homme le domine et ne soit pas sa nourriture, il a fallu qu'il en fixe son image et ce n'est qu'après avoir échappé à la puissance de cet ennemi redoutable qu'il a pu représenter, dans le langage qu'il possédait alors, l'objet qu'il pouvait aussi signaler aux autres membres de son groupe. Il connaissait toutes les espèces auxquelles il était confronté sans avoir besoin de les nommer. C'est la vie en collectivité qui est à l'origine d'un effort d'identification et de représentation. Il fallait bien qu'un cochon existe avant d'être nommé pour que tous les membres d'un groupe le différencient du sanglier par exemple. Son nom était certainement connu avant qu'il ne soit domestiqué !

Les premiers hommes ont vécu sans pouvoir observer le changement pour en tirer des leçons. Ils passaient leur temps à survivre, donc à combattre pour continuer à exister et ce n'est que lentement qu'ils ont commencé à se forger des armes utiles pour mieux chasser, des méthodes de chasse pour s'assurer des prises indispensables ou ne pas subir de revers déplorables. Il est probable que c'est en survivant qu'ils ont pris conscience que certains d'entre eux étaient plus aptes à les conduire, à les protéger, à leur garantir une survie plus longue et qu'ils en ont fait des chefs. Le chef était alors celui qui se montrait le meilleur dans les actes indispensables à la survie. Il est probable que celui qui survivait plus longtemps, ayant accumulé plus d'informations que les autres, pouvait devenir un guide, mais ne peut-on pas affirmer qu'il se comportait aussi, comme chez les animaux, en mâle dominant ?
La nature des besoins a modifié celle du pouvoir et celle des chefs ! On pouvait peut-être devenir chef ou monarque sur le plan mythique en gagnant une course athlétique, il faudra maîtriser des armes de bronze puis de fer pour le devenir !

En vivant sous la domination de leur environnement, les hommes ont appris à le respecter et à s'en servir, à l'observer et à le connaître, finalement à en tirer des leçons. S'adapter au temps circulaire, aux cycles de la nature, fut leur première démarche en faveur de la survie. En maîtrisant les retours réguliers de certains faits importants, en se dégageant de leur périodicité, ou de leur réapparition, des prévisions utiles, les hommes ont commencé à penser avant. Cela dit, ils n'ont progressé qu'à partir du moment où la multiplication de leurs observations et leur mémorisation a permis d'accroître leur efficacité dans tous les actes de la vie.

Une image peut nous aider à comprendre nos ancêtres. Lorsqu'un avion se crache, on cherche sa boîte noire. C'est elle qui peut raconter l'incident si on la retrouve. Nos chercheurs ont retrouvé des crânes et pu constater un changement de volume. Mais cela n'a jamais pu nous dire comment vivaient les êtres qui avaient ces crânes. Il est vrai que l'on peut noter des précisions en observant la dentition ! Au XIXe siècle, on a imaginé que l'on pouvait comprendre l'homme à partir de son crâne. Lorsque Gall a donné naissance à la phrénologie, on étudiait le caractère d'un individu à partir de son relief ! Nous avons aujourd'hui une autre analyse de notre crâne, mais lorsque l'individu meurt, il reste muet et nous ne pouvons pas savoir, à partir de lui, quelle fut la vie qu'il a pu mener ! La boîte noire ne parle pas d'elle-même il faut l'interroger ! Encore faut-il qu'elle existe, son enveloppe ne nous aide pas vraiment !

Vis-à-vis des premiers hommes, nous sommes obligés de comprendre leur façon de penser à partir de ce qu'ils faisaient ! Nous sommes un peu dans la situation des phrénologues d'il y a moins de cent ans !

C'est probablement en inventant des dieux et en leur donnant des fonctions relatives à leurs préoccupations que les hommes ont commencé à structurer le temps. Ils ont d'abord associé un temps profane et un temps divin, un temps où le changement était permanent et un temps sans changement. Le temps divin, qui se rapportait à un temps naturel, puisque les dieux ne faisaient que personnifier les puissances de la nature, permettait de mieux analyser le changement, les retours réguliers d'un même phénomène, comme le jour et la nuit, les cycles de la nature, autrement dit les saisons, autant d'éléments dont la compréhension ou le respect pouvaient assurer une qualité de vie. Les légendes concernant Perséphone et sa mère Déméter nous le rappellent. On comprend mieux que la vie des mortels soit devenue rythmée par les cérémonies ou les rituels qui honoraient les dieux à partir de leurs fonctions. J'ai parlé du feu de la Saint-Jean et de son existence avant la chrétienté.

Tout retour d'un phénomène important, attribué à une divinité, était un jalon utile, plus important par sa renaissance que par le changement qu'il pouvait produire. Un retard dans l'apparition du printemps pouvait être vécu comme la colère d'un dieu, attribué à un manquement humain, entraîner un effort de correction et c'est ce que nous racontent les légendes très souvent. Tout ce qui était en rapport avec la survie ne pouvait qu'avoir de l'importance. Ce n'est qu'avec la sédentarisation et la nécessité d'ordonner la vie de collectivités de plus en plus grandes, que ces repères sont devenus de plus en plus politiques, de moins en moins religieux, autrement dit environ 9000 ans avant notre ère !

Reconnaissons qu'ils ne sont plus liés à la nature. Nous respectons les rites à partir de l'histoire que nous leur avons donnée.

Le temps divin n'est devenu différent du temps profane que très tard, lorsque les religions ont commencé à chercher à prendre le pouvoir sur les esprits, avant de se distinguer du pouvoir politique. Les deux pouvoirs furent longtemps associés et ils le sont encore dans de nombreux pays !

Pour l'homme de la préhistoire, la vie était un enchaînement d'instants qui s'imposait à lui, qu'il subissait, qu'il pouvait donc attribuer à des forces supérieures, à des divinités. Il ne se situait pas en dehors du temps dont il ne pouvait pas avoir une idée aussi simple soit-elle. Le temps, il le vivait ! C'est parce qu'il s'est regardé vivre pour ne pas subir l'inconnu que l'homme s'est dissocié de son environnement et qu'il a observé le temps, d'abord sous la forme d'actions simultanées ou successives, sous celle d'actions plus ou moins durables et renouvelables. Il a certainement appris à attendre, à guetter, à se préparer, à s'associer à d'autres pour surgir plus efficacement lors d'une chasse, plus tard, lors d'un conflit entre groupes d'hommes. Les traditions de l'infanterie ne sont-elles pas copiées sur celles des animaux qui chassent en meute ?

Il avait l'instinct de la chasse, il l'a perfectionné en chassant !

Nous ne mesurons pas l'écart qui sépare une chasse spontanée ou une rencontre imprévue qui lui ressemble avec une chasse organisée, ritualisée, dans laquelle les divinités sont partie prenante. On les paye d'avance par des sacrifices et on leur fait confiance. Comment le pouvoir des meilleurs est-il venu en concurrence avec le pouvoir des dieux ? Toujours est-il qu'il fut un moment où certains chasseurs ont pris conscience que leur acte ne dépendait pas de leurs prières ! Si les sacrifices continuaient à regrouper les chasseurs, les individus ont fini par comprendre que leur chasse dépendait surtout d'eux-mêmes, de leur capacité à obtenir la victoire sur l'animal, et nous retrouvons cette émancipation dans les légendes qui nous parlent des hommes qui pensent avant, des hommes qui expérimentent le pouvoir politique.

Avant, les hommes vivaient l'instant. Ils passaient d'un instant à l'autre sans donner toute l'importance à leur enchaînement, ce que nous ferions aujourd'hui. Certes, les instants pouvaient avoir des durées différentes, mais ils puisaient leur force dans le lien qu'ils entretenaient avec la survie. La mort elle-même était un instant et nos ancêtres ont découvert peu à peu que toutes les morts ne se ressemblaient pas. Bien entendu, ils ont observé la mort qu'ils rencontraient aussi bien à la chasse que dans leurs clans lorsqu'elle était occasionnée par la maladie. Nous pouvons penser que c'est la mort de leurs proches qui put les conduire à s'interroger sur le rapport entre la vie et la mort, à imaginer la vie comme une période plus ou moins longue et la mort comme un arrêt de cette période, un arrêt qui n'était pas suivi par une renaissance naturelle, disons observable.

La mort d'un proche ne pouvait pas être comparée à la mort naturelle du soleil qui renaissait tous les matins ! Comment les hommes ne se seraient-ils pas interrogés sur le pourquoi de cette différence. Après avoir bougé le mort pour voir s'il réagissait, comme un chat qui joue avec une souris, ils ont constaté son immobilité et sa décomposition avant de regrouper les différents effets observables sous la même rubrique, et cela bien avant de lui donner un nom.

Revenons au temps.
Comment s'est effectué le passage d'un temps circulaire à un temps linéaire ? Certainement pas par pure décision politique !

On peut admettre que les femmes s'occupaient de la cueillette alors que les hommes s'occupaient de la chasse. Mais on oublie que seules les femmes procréaient, produisaient de nouveaux membres. Il y avait là un pouvoir naturel que les hommes ne pouvaient pas discuter. Par contre, les hommes ont pu observer la façon dont les mères élevaient leurs enfants pour en faire des adultes, filles ou garçons. Elles étaient courotrophes bien avant que l'on accorde cette qualité à Artémis. Il est également possible de penser que les femmes s'occupaient de l'élevage de petits animaux qu'elles pouvaient domestiquer, comme on pouvait encore le voir au Moyen Âge. Pourquoi dit-on que les pintades ne pouvaient pas l'être ? D'autres l'étaient certainement ! Comment les hommes n'auraient-ils pas cherché à élever de plus gros animaux pour ne plus à avoir à suivre une migration perpétuelle et bénéficier d'une nourriture moins dangereuse à pourchasser ? Bien entendu, qui disait élevage d'un bétail plus ou moins important demandait de l'espace et surtout moins de déplacements. Comment n'auraient-ils pas compris qu'en cultivant la terre pour satisfaire leur bétail, ils pourraient aussi trouver dans une sédentarisation de plus en plus longue une meilleure qualité de vie ?

En se fixant sur un territoire, en organisant la survie autrement, les hommes ne pouvaient que donner de moins en moins d'importance aux renaissances naturelles qui dictaient leur vie, et donner de plus en plus d'importance, au contraire, à une continuité qui allait s'apparenter au temps linéaire.

Sédentarité et temps linéaire, élevage et agriculture devaient transformer non seulement la façon de vivre, mais aussi les mentalités. Il ne faudrait pas oublier que l'homme a aussi organisé des migrations animales pour assurer la nourriture de son bétail ! Avant il observait les migrations naturelles pour chasser, il ne pouvait que reproduire une survie animale naturelle pour garantir son élevage.

Le temps profane a trouvé une nouvelle dimension, il s'est dissocié du temps divin à partir du moment où la nature commençait à être domestiquée, la survie un combat d'arrière-garde. C'est peut-être au même moment que le temps sacré a pris de l'importance pour conserver un rapport au divin sur le point de s'estomper, voire de disparaître au profit d'un temps de plus en plus politique. En s'isolant de son environnement, en devenant de plus en plus distinct de tout ce qui n'était pas lui, l'homme a perdu le besoin de questionner les dieux, de leur accorder du pouvoir. Hésiode le dit et redoute de vivre dans un monde sans dieux. Les religions subissent le changement plus qu'elles ne le créent et vont vivre un temps intermédiaire durant lequel elles vont chercher une sorte d'association avec le monde profane. Les Jeux olympiques sont le meilleur exemple de cet effort. Les religions utiliseront les jeux athlétiques pour lutter contre la performance en s'efforçant de la mettre sous tutelle, ce sera un échec et l'expansion d'un spectacle populaire mettra fin à sa dimension religieuse. La chrétienté mettra un terme à la mascarade en durcissant ses propres normes. Ce qui apparaissait comme de l'excellence deviendra de la démesure aux yeux de la religion nouvelle. Lorsque Théodose supprime les Jeux, son arrêté de 394 considère qu'ils sont une source de diffusion du paganisme. Le panthéisme ancien ne peut lutter contre la religion nouvelle tandis que le changement ne fait qu'illustrer une lutte de pouvoir sur le plan strictement religieux. La religion ancienne avait tenté de dominer la matière en la sacralisant, la chrétienté accentue la rupture qu'avaient essayé d'imposer les desservants de Zeus. L'esprit connaît un nouveau bond en avant et se trouve désormais complètement isolé du corps.

Or c'est cette nouvelle rupture avec les traditions qui impose un nouveau temps sacré, un temps entièrement isolé de la matière et distinct du temps linéaire et utilitaire. Le temps chrétien qui s'installe est un temps artificiel fondé sur un événement historique auquel la religion va donner la valeur d'une racine intemporelle. La crucifixion et surtout la résurrection lui donnent sa force et sa nature, mais la construction de la Sainte Famille nous plonge dans le monde de la croyance qui n'est pas celui de l'histoire. Si la racine est bien un fait politique, la relation entre le père et le fils est un credo qu'il faut respecter pour ne pas voir l'édifice chrétien disparaître sous l'effet de la raison ou d'un minimum d'objectivité. Après les puissances de la nature, après les divinités aux fonctions essentielles, le Dieu des chrétiens n'a plus de rapport avec le réel, il domine tout, du moins pour ceux qui croient en sa toute-puissance.

Alors que le temps linéaire est lui-même remis en question depuis Einstein, le temps circulaire reste pour l'observateur honnête une interprétation de la nature tandis que l'immortalité a disparu au bénéfice d'une qualité de la vie totalement hypothétique.
Le temps est bien un mot, mais l'objet qu'il représente reste flou, ou dépendant de l'usage que l'on fera du mot en oubliant l'objet auquel il devrait se rapporter. Le fait est que son impérialisme, bien qu'utile pour vivre, devrait nous conduire vers plus de méfiance à l'égard des mots qui changent de sens en fonction des besoins au lieu de rester fidèles aux objets qu'ils remplacent.

SURVIVRE

Parce que nous sommes aveuglés par le changement, nous ne voyons pas ce qui est immuable. Nous passons notre temps à essayer de le comprendre, de l'expliquer et nous ne pensons même plus qu'isolé de son contraire il serait impensable, ne pourrait pas bénéficier d'une interprétation quelconque ! La sculpture de Rodin, *L'homme qui marche,* pourrait servir d'illustration. Il ne marche pas et pourtant nous avons l'impression qu'il se déplace. Le mouvement serait-il une illusion, le résultat d'un contraste ? L'homme qui marche serait-il à la fois un modèle de changement et d'immuabilité ? Il représente un homme qui se déplace et peut rester immobile en même temps ! L'opposition entre ces deux termes ne serait-elle qu'une opposition de principe, le résultat d'une approche intellectuelle qui oublierait qu'elle repose sur des sensations ?

Survivre ne serait-il pas une façon de dominer le changement !
Il s'impose et peut, à tout moment, faire disparaître celui ou celle qui s'efforce de rester dans le monde qu'il vient de découvrir et qui est, à proprement parler, son habitat naturel. Hors du monde, l'homme n'existerait pas ! Déjà là, nous pourrions percevoir une opposition entre le fait que cet habitat peut être à la fois changeant et constant, ou encore éternellement opposé à la forme qui nous manifeste. Pour survivre, l'homme, en tant qu'espèce, doit affronter le changement et commencer à le faire sans savoir qu'il est lui-même changeant. Nous avons ici un paradoxe qu'il faut commencer par éclairer si l'on veut

continuer à saisir la complexité des mots et surtout celle de ce qu'ils représentent. Si le changement ne se perçoit qu'à partir de ce qui ne change pas, nous devons dire que l'homme qui change le fait à partir de ce qui est invariable dans sa personne, son entité, sa nature profonde, invisible peut-être, mais néanmoins réelle. Il change dans son physique, mais dans ce qui fait de lui un homme, une espèce particulière, il ne changerait pas !

Le changement que l'homme doit apprendre à maîtriser ne serait-il pas le résultat d'une succession d'états qui caractériserait aussi bien l'homme que son environnement, les deux étant considérés en dehors du temps ? Serions-nous dominés par le temps que nous ne maîtrisons toujours pas ? Pris comme des instants, chaque état de l'être est unique en son genre et ne se reproduira pas. Dans chacun d'eux, l'individu est un tout dont la seule capacité est de trouver l'équilibre entre lui et le monde, or il ne diffère du monde que par la nature des associations de matière. Le monde et lui sont faits des mêmes atomes, mais assemblés différemment. À partir du moment où il devient un nouvel élément du monde, l'homme doit affronter le changement qui résulte d'un effort d'adaptation. Il est contraint de se changer et de changer le monde pour survivre[27].

Nous connaissons deux mots qui semblent représenter des objets différents. Peut-être, mais il faut commencer par écarter le premier. Vivre c'est lutter, c'est user d'une force originelle sans laquelle l'homme, en tant qu'espèce, ne réussirait pas à s'adapter au monde, à cohabiter avec les autres formes qui ne sont pas des hommes, tels que nous les concevons. Survivre est, par contre, le mot qu'il faut retenir. Il représente le résultat de cette lutte. L'homme ne décide pas de lutter, il y est contraint. Nous dirons aussi que la survie peut durer plus ou moins longtemps, qu'elle dépend alors de chaque forme, car il n'y a pas que l'homme qui doit s'adapter aux autres formes. Les autres doivent aussi faire le même effort. Simplement, pour imager cela, disons que les

---

[27] La photographie fige l'instant, rappelle un moment de notre vie et le changement résulte d'une succession d'images. Il faut au moins deux états pour percevoir un changement !

hommes ont dû faire plus d'efforts lorsqu'ils étaient de simples chasseurs-cueilleurs que lorsqu'ils devinrent sédentaires et occupèrent un espace particulier, une sorte de monde à part, celui qu'ils finirent par construire.

La survie consiste à opposer en permanence le changement et son contraire, ce qui se transforme sans cesse et ce qui est immuable, ce qui est versatile et ce qui est constant, ce qui n'est pas ordonné et ce qui l'est. Nous pourrions jouer avec les mots pour opposer toutes sortes de qualités auxquelles nous avons donné des noms, mais peut-être faut-il souligner, sans attendre, que nous avons tendance à rapporter essentiellement à l'homme le changement et son contraire. Il se voudrait immuable devant la nature qui change ! Peut-être pourrions-nous envisager déjà que tous ses malheurs existentiels sont dus à cette volonté qui, parce qu'elle est justement un produit de sa seule intelligence, néglige que l'homme change aussi et de façon constante. Ou bien encore existerait-il des changements différents aussi bien pour l'homme que pour la nature ? L'homme en soi, comme la nature, porte-t-il en lui l'immuable ? Chercher l'immuabilité en lui-même ou dans une croyance quelconque est le piège dans lequel l'homme s'est enfermé en raisonnant !

Si l'homme n'avait pas distingué son corps de son esprit, il n'en serait peut-être pas là !

Rien dans le monde observable, l'homme en fait intégralement partie, n'est immuable !

Tout change ! Mais pour que le changement soit observable, il faut le regarder à partir de ce qui ne change pas, à partir de ce qui est donné une fois pour toutes. L'homme qui découvre le changement, qui le subit pour s'adapter dès qu'il ouvre les yeux ou commence à respirer, est une entité qui n'est comparable à aucune autre. Je parle ici d'espèces. Sa forme est particulière, mais les ingrédients qui la composent sont issus d'un ensemble qu'il faut considérer comme immuable. Toutes les associations sont différentes et proviennent du même ensemble.

Or, il faudrait dire qu'à l'origine, l'homme, en tant qu'espèce nouvelle, est immuable et changeant : immuable dans les éléments qui le composent, changeant dans son association qui va devoir s'adapter.

C'est parce que tout change dans le monde que la survie est une lutte permanente, destinée à trouver le juste équilibre entre chaque espèce ou élément du monde dans lequel celle-ci se déroule. Compte tenu des progrès réalisés par notre espèce, nous pourrions penser que cette recherche du juste milieu n'est qu'un détail infime, un ajustement d'expert et nous nous comporterions comme les musiciens qui naviguent entre un forte et un piano ou comme les bouddhistes qui savent que la corde de la vina doit être ni trop ni pas assez tendue ! La survie ne traite pas d'un détail, mais d'un ensemble ! Il ne s'agit pas de changer l'ordre des mots dans une phrase pour qu'elle soit plus belle. Il s'agit de trouver l'ordre qui permet à chacun de survivre aussi longtemps que possible !

Nous pouvons aussi comprendre que la survie puisse être considérée comme l'effort permettant de stabiliser le monde, devant le rendre immuable, parce qu'il semble plus facile de vivre lorsque tout est figé autour de soi ! J'ironise, mais nous allons mieux le comprendre en observant le comportement des hommes.

Je ne crois pas nécessaire de rappeler que nous sommes attachés à ce que nous appelons le moi et que ce moi est le fruit d'un changement que nous pourrions comprendre à partir de l'opposition entre l'ordre et le désordre. Mais le moi ne tend-il pas à progresser vers une sorte d'entité définitive, adaptée à un monde policé à outrance et dans lequel nous serions interdits de changement dès lors qu'il serait contraire à l'ordre ? Le ça que les psychanalystes situent en dessous du moi et qui devrait être éduqué, ordonné, transformé ne serait-il pas une sorte de rappel de ce que l'homme garde en lui d'immuable ? L'idée du changement, auquel nous portons tant d'attention, ne serait-elle pas due essentiellement à l'image idéalisée de l'homme socialisé ? Cet idéal que nous retrouvons aussi dans les religions n'est-il pas le résultat d'une méprise ou de notre imagination ?

À partir du moment où l'homme fut obligé de se donner des ordres pour survivre en groupe, celui de Zeus chez les Grecs anciens n'étant qu'un exemple, il fut contraint de changer non plus par rapport à ses propres aspirations, ses propres désirs, mais par rapport à celles et ceux d'un tyran, d'un individu isolé, d'un groupe d'individus ou encore d'une ou plusieurs idées. Inutile de passer en revue les différents types de gouvernements ni les différentes formes d'autorités religieuses. Inutile aussi de passer en revue toutes les idées qui justifient leur bien fondé, leur utilité, leur supériorité et qui se font la guerre parce qu'elles sont relatives à des enjeux de pouvoir.

Parce que tout change, l'homme ne sait plus où donner de la tête. C'est vrai de nos jours, c'était encore plus vrai au tout début de son arrivée dans le monde, mais pour des raisons différentes il est vrai. D'instant en instant, l'homme devait observer et réagir pour trouver un équilibre précaire indispensable pour que d'autres instants puissent exister. Il n'était pas conscient de sa situation et son effort d'adaptation spontané dépendait exclusivement de ses cellules, de son corps si l'on veut, des éléments de matière qui constituaient sa nature propre, sa forme. Si l'homme avait dû penser comme nous aujourd'hui et faire des choix stratégiques, il n'aurait pas survécu longtemps. L'immédiateté accompagnait la réactivité la plus naturelle ! Les neurologues le savent : tous les trajets nerveux ne sont pas aussi longs et les réflexes médullaires peuvent apporter une réponse beaucoup plus rapidement que nos hémisphères cérébraux dans certaines circonstances. Elle sera plus frustre, mais la survie peut en dépendre !

En simplifiant, disons que la forme humaine, introduite dans le monde, ne pouvait compter que sur elle-même pour s'adapter à son environnement. Elle était un composé d'éléments de matière et ne pouvait plus changer elle-même sa nature. Nous voyons très vite combien nos efforts conscients de changement ne peuvent que modifier ce qu'il y a de superficiel en nous, donner l'illusion d'une transformation alors que ce qui reste invisible demeure inchangé. Le moi est une peau que nous revêtons et qui ne trompe que ceux qui lui accordent un rôle majeur. Au moment de la mort, le moi ne peut que disparaître et laisser le ça se déformer comme toutes les constructions de la matière. Une fois encore, nous confondons le fond et la forme, l'individu non transformé, comme pourrait l'être la nature si l'homme ne la maltraitait pas autant, et l'individu idéalisé que nous aimerions être ou que certains voudraient voir se multiplier pour mieux l'asservir.

Il fallait donc que la matière lutte pour s'imposer ou disparaître, imposer en quelque sorte l'immuable au changement. Il ne nous viendrait pas à l'esprit l'idée de changer les rapports qui existent entre nos cellules ! Mais alors ! Qui a décidé de les associer ? Je répondrai l'amour tout simplement. Nous connaissons tous la force de l'amour, il faut seulement la retrouver dans chaque élément de la matière. C'est l'amour qui guide les éléments les uns vers les autres et donne naissance à des associations qui nous apparaissent complexes aujourd'hui, relèvent pourtant d'un processus d'attirances et d'unions qui furent nécessaires à l'apparition de la forme humaine.

L'homme est de la matière et de la matière qui pense sans que cela permette de prévoir !

Nous ne sommes pas des briques assemblées par un architecte consciencieux ou un horloger génial, nous sommes des éléments de matière chargés de vie et donc capables de survie indépendamment de notre volonté, de notre intelligence conceptuelle qui, trop souvent, prend le contre-pied d'une sagesse originelle. Il est évident que pour comprendre nos ancêtres, il faut éviter de penser comme l'ont fait les aèdes ou les poètes découvrant l'écriture. Parce qu'ils pensaient comme Prométhée, ils ont organisé leurs observations et leurs idées pour que la raison devienne l'essentiel de notre existence. Socrate et Platon n'ont fait que renforcer cette folie.

Notre corps n'avait pas besoin de cette analyse savante pour se situer dans le monde, pour l'observer, pour s'y adapter.

Toutes nos cellules étant des organismes vivants, elles ne pouvaient que vivre la survie sur un plan individuel avant de la vivre sur un plan collectif, disons associatif. C'est parce que chaque cellule[28] était capable de réagir et de mémoriser tout ce qu'elle subissait ou imposait à son environnement que nous avons survécu, que ce qui était immuable en nous a conservé une valeur que toute forme d'éducation ou de répression ne changera jamais. Quoi que nous décidions, l'homme ne deviendra jamais un lion ou un éléphant, non plus un rat, même si certains de nos comportements ressemblent aux siens, comme l'a si bien souligné Henri Laborit.

Au sein même de la forme, nous retrouvons le paradoxe : fixité des amours entre éléments de matière et transformation permanente de chaque élément doté de vie. Une image simple peut nous aider à le comprendre. Nos cellules pulmonaires assurent un travail indispensable en faisant circuler l'oxygène et le gaz carbonique. C'est leur fonction ! Mais le milieu dans lequel nous nous trouvons n'a pas toujours la même teneur en oxygène et nos cellules doivent s'adapter en tenant compte du milieu. N'aurions-nous pas tendance à considérer la cellule immuable pour exercer sa fonction et l'opposer à un environnement qui change ? Plus largement, nous n'avons pas toujours besoin d'une même quantité d'énergie pour survivre ou penser. Nous pourrions dire la même chose pour toutes nos cellules, pour tous nos organes : ils s'adaptent. Mais comment ?

L'explication la plus simple reste la prise en compte de la force que nous pouvons appeler la vie. La vie n'est pas un objet observable si ce n'est en tant que processus. Chaque élément de matière porte la vie en soi, une sorte de force qui lui permet d'être mobile dans un monde sans limites et invisible dont nous faisons partie et que nous ne pouvons qu'imaginer. Cette force est l'amour qui assure la cohésion entre chaque union et pour l'ensemble de la forme. Chaque forme possède donc cette force qui lui permet de s'adapter. Mais comment ?

Là encore, c'est très simple. L'amour permet à la forme de distinguer ce qui peut l'aider à survivre, ou ce qui peut la détruire.

---

[28] Chaque cellule est déjà une association très complexe d'éléments matériels, mais nos cellules sont invisibles à l'œil nu et nous négligeons l'activité permanente qui leur permet de changer selon les besoins.

On comprend alors que l'amour puisse être associé à la guerre et que cette force soit utile dans les deux sens, ce qu'Hésiode nous rappelle dans sa *Théogonie* en parlant d'Éros et d'Antéros. Il associe le désir d'union et la nécessité de combattre tout obstacle à ce désir. Faire la guerre consiste alors à écarter tous les obstacles qui s'opposeraient à l'amour. Nous percevons ici l'inconvénient de la chose ! Chaque forme n'éprouve pas les mêmes désirs et cette guerre peut très vite dépasser ce pour quoi elle était nécessaire.

Inutile de faire allusion à notre présent pour voir que cette force n'est plus en rapport direct avec la survie de l'homme dans son milieu naturel, qu'elle est détournée par des enjeux de pouvoir qui n'ont plus l'homme comme fondement, mais, comme au temps des tyrans, le profit personnel ou une idéologie qui refuse tout dialogue. Les assemblées divines décrites par Homère sont un modèle de ce que nous vivons trop souvent aujourd'hui, même si une illusion de dialogue cache la profondeur des mots et des idées.

Il devient plus facile de comprendre que chaque forme, confrontée à d'autres formes avec lesquelles elle peut ou non s'unir ou s'opposer, est capable, spontanément, de faire des choix qui ne peuvent que prolonger ou non sa survie. Dans le même temps, il devient possible de comprendre que la forme puisse être à la recherche d'une certaine stabilité, continuité, invariabilité. L'homme confronté au changement n'a pu que désirer l'immuable, d'abord naturellement, instinctivement, puis peu à peu de plus en plus rationnellement. Un temps très long sépare les deux états et nous l'avons occulté en valorisant l'art de penser avant d'agir ! Or, l'illimité nous rapproche de l'immortalité, de l'immuabilité et nous éloigne du changement !
Parce que nous oublions l'individu et pensons au citoyen, nous gommons systématiquement tout ce qui pourrait se comprendre à partir d'un rapport simplement matériel, qu'il faudrait dire atomique.

Il ne faut pas confondre la forme originelle et ses reproductions naturelles qui sont dues à la capacité qu'a la forme de se reproduire. Nous sommes habitués à cette performance de la forme et savons qu'elle constitue un changement continu depuis la rencontre d'un spermatozoïde avec un ovule et cela jusqu'à la mort. Mais, il y a eu une première forme, celle qui caractérise notre espèce. Elle était un commencement pour les hommes et même si elle avait pour origine une mutation, elle était une origine et cette origine nous distinguait des autres espèces. La première forme est, en ce qui la concerne, ce qu'il y a d'immuable dans notre propre histoire. Nous comprenons mieux qu'en arrivant au milieu d'autres espèces, d'autres associations de matière, toutes bénéficiant d'une origine immuable, elle ait été obligée de s'imposer ou de changer. La première forme a donné à l'espèce sa nature et ses multiples reproductions ne font que réactualiser des associations d'atomes qui lui sont propres. Ces associations sont invariables et représentent ce qui est immuable chez l'homme.

Il faut donc considérer au moins deux sources d'identité : la matière elle-même et les associations qui constituent une espèce nouvelle.

S'il est assez facile de percevoir la vie d'une forme à partir de cette force totalement indépendante de notre volonté puisqu'elle dépend de la matière, il est plus difficile de saisir comment les hommes ont changé au point de ne plus penser qu'à maîtriser le changement, à le dominer, à l'utiliser !

Le problème est simple. L'homme fut d'abord prisonnier de l'instant. Il survivait sans le savoir. Il n'était alors qu'un agrégat de matière qui se laissait emporter par la force qui le guidait, autrement dit l'amour. Il a certainement commencé par prendre goût à la vie et c'est à partir du moment où il a commencé à échapper à l'instant qu'il a souhaité en accumuler un nombre de plus en plus grand. Il est possible que cela se soit produit très vite, sans qu'il soit permis de parler de prise de conscience. La première opposition à ses désirs fit intervenir Antéros, autrement dit la lutte et nous pouvons dire que la survie est devenue un véritable objet le jour où l'homme s'est battu pour vivre d'autres instants de plaisir, d'harmonie, d'équilibre. Le premier effort de survie consista à reproduire le plaisir, secondairement à écarter tout ce qui pouvait le retarder ou l'interdire.

La survie, sans avoir besoin d'être nommée, était alors un enchaînement d'instants favorables grâce à toutes sortes de combats spontanés, jugés indispensables par la matière elle-même. Les premiers hommes n'étaient pas responsables de leur survie, au sens où nous l'entendons aujourd'hui. Ils l'ont connue sans penser, ni avant ni après, autrement dit intellectuellement. Il est évident que la confrontation avec les autres formes et plus encore leur observation a pu leur permettre de se sentir survivre, de devenir acteurs de leur survie de plus en plus.

C'est peut-être à ce moment que la notion de moi pourrait trouver une origine à la fois matérielle et humaine. Nos ancêtres ont bien dû observer leurs enfants jouer et grandir comme pourraient le faire des animaux en liberté. Ils ont aussi pu les voir malades ou morts et toutes les images qui s'ordonnaient naturellement dans leurs esprits leur ont donné la notion de durée, d'enchaînement, de recommencement, de changement aussi. L'amour, cette force originelle, ne pouvait que faire naître des sentiments, nous dirions des affects, et c'est par le biais de l'affectivité que nos ancêtres ont découvert le monde et l'ont observé avant de pouvoir le maîtriser ou le penser.

Penser la survie devait nécessiter la capacité d'imaginer le futur et de le dissocier du présent. Il est possible que le passé ait été absent des premiers raisonnements. Il ne deviendra important qu'en devenant utile. Avant cela, les hommes ont œuvré pour faire durer les meilleurs moments de leur vie. Nous pourrions dire qu'en cherchant à conserver un bien-être relatif, ils ont essayé de lutter contre le changement et peut-être pris conscience d'un état relativement fixe, constant, invariable, en même temps que de sa fragilité. Lorsque nous découvrons le bonheur, nous voulons toujours qu'il soit éternel. Ce que vivent les amoureux, aujourd'hui encore, diffère peu de ce que vivaient nos ancêtres. L'amour et la guerre ne pouvaient servir qu'à faire durer le plaisir sous toutes ses formes. L'homme vivant sa vie par l'intermédiaire de son corps, il ne pouvait que chercher à le placer dans un contexte favorable, à l'associer à d'autres hommes recherchant les mêmes plaisirs ou fuyant les mêmes craintes, les mêmes obstacles.

Nous disons aujourd'hui que les hommes suivaient leurs instincts, je préfère rappeler qu'ils suivaient les besoins matériels que leurs corps faisaient émerger jour après jour. Comment ne pas s'apercevoir que nous réagissons toujours de la même façon aux différentes rencontres que le milieu nous propose plus ou moins subitement, qu'il s'agisse du plaisir ou du déplaisir. Notre agressivité peut être soudaine si la situation l'impose et, dans ce cas, nos hémisphères cérébraux sont négligés, la réponse globale que nous donnons est celle que nos ancêtres donnaient lorsqu'ils découvraient le monde.

Comment sont-ils passés de la survie à l'immortalité ? Nous avons là un problème qui nous semble particulièrement important, mais l'était-il ? L'immortalité fut d'abord une absence de mort sans rapport avec une quelconque idéologie, sans rapport avec des puissances naturelles devenues des divinités invisibles et immortelles. L'homme a commencé par repousser inconsciemment l'instant de la mort en luttant pour mieux vivre, pour obtenir ce qu'il désirait. Il n'y avait certainement pas un objectif ésotérique à l'origine d'une recherche personnelle et purement matérielle.

La mort ne fut pas identifiée spontanément comme un obstacle difficile à franchir, un danger toujours présent. Elle fut un simple constat et c'est probablement en s'imposant souvent qu'elle a fini par marquer les esprits de nos ancêtres. Que ce soit pendant la chasse, qui n'était pas alors une simple distraction, que ce soit pendant les guerres entre différents groupes convoitant la même nourriture ou simplement la protection du feu, que ce soit en se retrouvant devant des enfants ou des adultes morts de maladie ou d'épuisement, l'homme n'a pu qu'enregistrer une fin de combat, une impossibilité de vivre, de s'adapter. Une force inconnue avait alors raison de la vie ! L'interrogation sur l'après-vie ne viendra que beaucoup plus tard, de la même façon que l'ensevelissement des morts.

Il est possible aussi que nos ancêtres aient perçu une sorte de tristesse, d'incapacité à aider l'autre lorsqu'il mourrait devant eux. Il y avait là comme un combat inégal, une lutte impossible et peut-être ont-ils senti le besoin de questionner l'inconnu, de chercher timidement une cause invisible et cependant supérieure, contre laquelle aucune intervention n'était possible.

Pour que la notion d'immortalité devienne une réalité, il a fallu que l'homme pense d'abord le connu et l'inconnu, le visible et l'invisible. Cela ne s'est pas fait rapidement. L'inconnu et l'invisible découlent du connu et du visible, mais pour passer de l'un à l'autre il faut imaginer une continuité qui n'est pas observable. Le cheminement le plus naturel fait reculer les limites de l'observation, mais il ne permet pas de sauter l'obstacle que représente l'absence totale de limites. Le regard peut se porter sur des objets de plus en plus lointains, il arrive un moment où il ne se pose plus, où il est remplacé par l'idée qui prend sa place. Alors l'idée peut aller de plus en plus loin et s'aventurer dans l'infiniment grand ou l'infiniment petit, mais, là encore, cela ne s'est pas fait en un jour.

Lorsqu'Hésiode oppose l'homme qui pense avant à celui qui pensait après, il gomme le temps qui les sépare en se situant au niveau de l'idée. Le réel n'a pas changé, l'homme comme le monde sont restés des éléments de matière confrontés les uns aux autres, mais cette confrontation n'a cessé d'amener des changements de tous côtés. L'homme n'est jamais le même, le monde non plus. Toutefois, et c'est ce que nous oublions trop facilement, les éléments matériels sont invariables, immuables, les forces qui les animent aussi. Ils ne dépendent pas du bon vouloir des hommes ! Le changement ne pouvait pas être perçu profondément puisqu'il n'était que superficiel. L'homme préhistorique pouvait changer de peau pour se protéger des intempéries, il ne changeait pas en lui-même.

Il serait préférable de penser que c'est l'insatisfaction éprouvée durant l'expérience de la relation individu-milieu qui a conduit l'homme à chercher ailleurs que dans ses sensations une explication et un retour au plaisir. L'homme seul, sans les autres, a pu avoir une idée du changement en s'efforçant de revenir aux satisfactions que lui faisait vivre l'amour originel, un amour présent dans tout son être. Il n'a pas inventé le mot aimer, il l'a vécu intensément avant d'en mémoriser les effets et de s'en faire une idée, d'en avoir une représentation. Il est plus qu'évident que l'amour dont je parle ici n'était pas compris de cette façon par nos ancêtres lorsqu'ils découvrirent le monde. L'acte captait toute leur attention et ce n'est que plus tard qu'ils purent imaginer un début d'explication à la survie.

Si j'insiste sur le comportement de l'homme seul, c'est parce que, même au sein d'une collectivité qui lui assure un mieux-être, il est à l'origine de tout ce qu'engendrera son intelligence, les autres n'étant que des intermédiaires entre lui et le milieu. Même devenu citoyen, il continue à réagir à partir de ce qu'il est et de ce que les autres lui ont enseigné, mais toute forme d'éducation ne peut faire disparaître l'homme en soi, le ça si vous voulez ! Aussi est-il indispensable de rester attentif et de revenir sans cesse à l'individu, même sous une cuirasse culturelle qui se veut indestructible. La légende nous en parle à sa façon lorsqu'Héraclès revêt la peau du Lion de Némée !

Si nous partons du premier effort de survie, nous pouvons comprendre que c'est en survivant que les hommes se sont aventurés dans la recherche de l'immuable, de l'éternel, de l'immortalité. Pas avec un seul bond en avant cela va sans dire ! Or c'est en partant de leurs sensations, de leurs organes sensoriels et non de leur imagination que nos ancêtres ont repoussé les limites d'un ici et maintenant qui semblait immuable parce qu'ils y étaient plongés. L'immuable était ce qu'ils vivaient à travers l'instant ou dans une succession d'instants qui n'étaient pas liés entre eux par un début de relation de cause à effet. Étant donné qu'ils recherchaient le plaisir, cette apparence de constance, de satisfaction profonde et personnelle n'était liée à aucun ordre, aucun besoin collectif. C'est surtout le fait de survivre en se regroupant qui a introduit une prise de recul devant les sentiments, les sensations, les expériences les plus variées, qui a ouvert une brèche entre l'homme et son milieu. Certes, il y avait eu le déplaisir pour commencer à percevoir le fameux principe de réalité. Mais le réel de nos aînés n'était pas le nôtre aujourd'hui !

Je voudrais juste souligner que cet ici et maintenant était alors comme une sorte d'extase dans laquelle, bien entendu, il n'y avait aucune prise de distance pour pouvoir évaluer, juger, interpréter, prendre conscience comme nous aimons le dire à tout moment. L'individu était happé par l'acte indispensable à sa survie. Il a donc fallu qu'il ne le soit plus pour commencer à s'interroger, même sobrement, sur le pourquoi d'un effet agréable ou désagréable. Cette prise de distance, si minime soit-elle fut le début d'une séparation des plus utiles. C'est à partir d'elle que l'homme s'est mis à explorer le monde, plus tard à s'aventurer loin de ses observations sensibles, autrement dit à penser.

N'oublions pas que penser ne consiste pas à faire des phrases et à les enchaîner de façons plus ou moins logique. Lorsque nos ancêtres préhistoriques peignaient sur les parois des grottes de magnifiques taureaux ou d'autres animaux qui n'étaient plus sous leurs yeux, ils pensaient et leurs représentations suffisent pour nous montrer que l'homme était capable de communiquer ses impressions, de dialoguer, même si les mots n'existaient pas encore.

L'homme a donc commencé à observer, à reproduire en images à la fois réalistes et symboliques ce qu'il découvrait autour de lui et suscitait en lui des interrogations. Nous pourrions dire la même chose à propos des potiers lorsqu'ils se mirent à orner leurs produits, à leur donner des formes ou à les parer de dessins, eux aussi réalistes et symboliques. J'ai pu voir au musée archéologique de Lima comment des hommes avaient été capables de représenter sous forme d'objets leurs aliments, mais aussi leurs maladies. La précision de leurs traductions était telle qu'il n'était pas possible de se tromper quant aux différentes interprétations. Nous pouvons aussi parler des hiéroglyphes égyptiens et plus tard des hiéroglyphes minoens, mais le plus important reste la perfection apportée à ce genre de communication. En fait, la mémoire devenant insuffisante pour fixer la totalité des progrès humains, l'homme a cherché le moyen de les enregistrer et de les conserver. Les représentations du réel purent alors servir à écrire l'histoire des hommes, mais aussi à faciliter le quotidien ou l'existence ordonnée des cités qui ne pouvaient plus se contenter de réaction spontanée devant les problèmes que le nouveau milieu faisait naître : enregistrement des comptes, enregistrement des lois, organisation du commerce, relations entre continents ou avec des colonies, éducation. Les tablettes mycéniennes sont souvent citées parce qu'elles donnent de cette époque un aperçu précis aussi bien sur le plan politique ou administratif que sur le plan religieux. Découvertes à Cnossos lors d'une fouille d'A. Evans, elles regroupaient près de 5000 textes courts qui ont permis d'avoir une vision plus juste des petits royaumes qui possédaient une administration palatiale avant de disparaître vers le 13e siècle avant notre ère.

Le regroupement des besoins ou des désirs fut certainement à l'origine d'une multitude de possibles et la nécessité de faire des choix a induit des rapports individuels, entre hommes, mais aussi entre hommes et femmes. La nécessité de choisir amena d'autres observations, cette fois sur leurs semblables et non plus le milieu dans lequel ils vivaient. La désignation d'un chef en découla, mais aussi d'une politique, d'un ordre indispensable, de plus en plus précis, d'une justice nécessaire pour régler des litiges qui devaient être nombreux !

Le plus important ici est de comprendre que l'avènement du politique, au sens très large du terme, est à l'origine d'une distanciation vis-à-vis du changement. Il n'était plus imposé par le milieu, mais par les hommes eux-mêmes. Il fut dès lors associé à la recherche de pouvoir qui était une conséquence de l'amour dans un rapport de groupe et non plus dans le rapport originel entre l'individu et son environnement. Il n'est pas possible de dater un tel changement ni de suivre son évolution, mais nous comprenons vite que la survie devint un combat entre hommes plus qu'un combat contre les forces de la nature qui pouvaient être hostiles.

Ce faisant, le changement devint une production des hommes et non une réaction des hommes vis-à-vis de leur environnement, des autres espèces, de tout ce qui pouvait donner sa valeur au monde. Les hommes s'étant mis à imaginer le meilleur au lieu de s'adapter pour le vivre, perdirent peu à peu leur sensation d'être, leurs racines matérielles, tout ce qui pouvait les lier à un immuable originel. En pensant avec leur cerveau, ils oublièrent de penser avec leur corps.

Le changement était matériel, sensoriel, il devint une idée, ce qui permit de dépasser les limites de l'expérimentation et de s'enfoncer dans l'imaginaire. L'immuable devait subir la même progression. Or, en devenant une idée, l'immuable qui était une sensation inconsciente devint un idéal chimérique, un absolu totalement gratuit, ne pouvant reposer que sur la raison ou la croyance, sans aucun rapport avec la matière qui restait cependant la base incontournable de la vie.

En devenant collective, la survie est devenue raisonnable et politique !

Cela dit, il faut essayer de comprendre comment l'homme s'est émancipé, comment il est passé d'un simple rapport de force à un raisonnement de plus en plus compliqué comme celui des philosophes.

Pour passer de l'expérience quotidienne et non idéalisée à la prévision d'un résultat, l'homme a dû distinguer le monde et les composantes de sa propre nature. Il a commencé par situer la confrontation sur le plan d'un dualisme qui n'était que le résultat de ses observations. Que les philosophies ou les religions s'approprient ce terme je le comprends, mais il leur est antérieur. Il représente la coexistence de deux éléments différents qui peuvent être opposés, mais qui peuvent aussi être complémentaires. Parce que l'homme s'est trouvé différent du monde, par certaines qualités qu'il ne retrouvait pas dans son environnement, il n'a pas, pour autant, isolé totalement le monde de l'être qu'il s'efforcera de connaître distinctement. Le problème que nous rencontrons aujourd'hui est dû, en grande partie, au fait que l'homme et le monde ont plus de points communs que de différences, que nous maltraitons ou dénaturons la nature au point que nous pourrions bien en subir les conséquences sans tarder !

Le dualisme exploité par les philosophies ou les religions permettait à notre imagination de s'élancer dans le monde des idées et des croyances, les deux n'étant que des produits de notre cerveau, celui qui réfléchit exclusivement. Peut-être serait-il bon de souligner ici que le dualisme qui opposait l'homme et le monde a surtout opposé l'homme qui survit et l'homme qui pense. L'homme s'est coupé en deux et les philosophies comme les religions se sont efforcées d'expliquer les relations qui existaient entre les deux !

Passer d'un monde cohérent et unitaire à un monde coupé en deux et même en quatre ne s'est pas fait rapidement ou comme par magie. Les philosophies et les religions représentent l'aboutissement d'une longue observation sur le changement. Nous pouvons reprendre ici la classification de Platon à propos des différentes façons d'aimer. L'amour originel fut le premier. Sans lui nous ne serions pas là, il n'y aurait pas eu de survie. Platon considère en premier l'amour qui permet la reproduction, l'amour de l'homme pour la femme, ce qui montre qu'il n'a pas vraiment raisonné. D'où pourrait bien venir cet amour si ce n'est d'une observation alors que Socrate nous dit que nos sens nous trompent ! Il parle ensuite de l'amour que l'homme peut avoir pour l'homme, souvent un homme adulte pour un plus jeune. Je veux bien que la pédérastie soit alors un système d'éducation reconnu, mais nous percevons aussi la récupération par les hommes instruits d'une fonction originellement assurée par les femmes, celle de courotrophe. Lorsqu'il parle ensuite de l'amour pour tous les hommes, il nous demande de préférer la société à l'individu. Il nous présentera d'ailleurs la société de son choix : une république dirigée par les philosophes. Restait à promouvoir son idéal et c'est alors qu'il nous demande d'aimer les idées.

Qu'ont fait les responsables des croyances depuis qu'elles existent ?

Ils ne pouvaient pas promouvoir un pouvoir qui naturellement se passait d'eux. Les légendes sont claires à ce sujet. Apollon doit – c'est un ordre de Zeus – tuer Python, gouverner l'oracle de Delphes, imposer les idées et la raison personnifiée par sa fille Athéna. Les hommes croyaient dans les forces de la nature, ils doivent croire dans l'idée, l'homme qui pense après, ou survit sans prévoir, doit disparaître au profit de l'homme qui pense avant. La religion de Zeus est la religion de la prévision, de l'homme dirigeant le monde à l'aide de la ruse, car l'idée est alors de la ruse. Nous sommes loin de la raison telle que les philosophes l'utiliseront. Il n'est pas alors question d'aimer les idées, mais d'aimer le fait de penser avant d'agir. Les desservants de Zeus invitent les hommes à réfléchir à un mode de vie qui n'est plus spontané, mais organisé, politisé, placé sous l'autorité d'un tyran qui aurait une capacité de commandement que les aristocrates n'ont pas, étant trop humains et pas assez divins !

Mais les dieux existaient avant que Zeus n'en prenne le commandement, car c'est bien pour faire la guerre à d'autres dieux que Zeus a reçu le pouvoir.

Ces autres dieux étaient monstrueux ! En fait, ils étaient du monde, ils étaient les forces que le monde imposait à l'homme. Pour l'homme qui pense avant, le monde serait donc monstrueux, il ne pouvait qu'être gouverné, autrement dit subir la loi des hommes qui pensent. Nous avons là l'origine d'un autre dualisme qui s'installe discrètement. Les premiers dieux étaient monstrueux comme les premiers hommes, ils étaient la foudre, l'éclair, le tonnerre, et tant d'autres productions provenant de l'invisible. Cette fois, le second dualisme, le premier opposant l'homme et le monde, se situe entre les deux groupes de divinités : des dieux qui agissent et des dieux qui pensent. Apollon doit apprendre de Thémis l'art de la prévision pour pouvoir imposer le nouvel ordre. Autrement dit, la croyance en un dieu ne doit plus passer par la vénération d'une force invisible, intraitable, originelle puisque proprement matérielle, elle doit passer par une confiance totale dans une entité totalement imaginaire, construite par des hommes qui trouvent dans le contrôle de cet amour sans objet un nouveau pouvoir. Les nouveaux dieux sont des idées, il faut aimer ce qu'ils représentent ! Or, ils ne sont que le produit de l'imagination d'un certain nombre d'hommes ayant compris que ce type d'amour pouvait leur apporter un pouvoir au moins aussi important que le pouvoir politique. En se plaçant sur un autre registre, les desservants des religions ne rencontraient pas directement la concurrence.

Les légendes concernant Cybèle et qui font des eunuques de ses propres desservants montrent seulement que la différence de commandement se situe sur le plan de la reproduction. La castration d'Ouranos est aussi un jalon du changement qui donne le pouvoir à Cronos puis rapidement à Zeus. Avec les nouveaux dieux, Dionysos en particulier, il ne fallait pas aimer le pouvoir politique, il fallait préférer la transe qui assurait la rencontre entre l'homme et la divinité. Nous comprenons que Platon puisse encore citer Zeus tout en donnant de l'importance aux idées et que les nouvelles religions, comme le Christianisme, le Judaïsme ou l'Islam en viennent à bannir les anciennes sous prétexte de paganisme. Le polythéisme se trouve combattu, parce qu'il reste une croyance populaire et rurale, par ceux qui veulent en finir avec les forces de la nature et cherchent à imposer des divinités absolument idéalisées et pensées, nous pourrions dire urbanisées. Que représente Abraham si ce n'est un concept auquel il faut adhérer sans en attendre une origine concrète puisqu'il n'est qu'une idée, le point de départ d'une histoire inventée par des hommes soucieux d'un nouvel ordre. Après les desservants de Zeus ou les aèdes grecs, nous ne faisons que changer l'explication que l'on peut donner de l'incompréhensible, de l'inconnu, de l'invisible, du surnaturel, de l'irrationnel, du magique et, bien entendu, du naturel ou du matériel qui les englobe tous.

Dans leurs fondations, les religions monothéistes sont essentiellement des expressions spirituelles de la tyrannie que l'on a refoulée dans le passé. Elles ont gardé l'autorité du tyran en lui donnant des valeurs indiscutables ce qui permet de traiter les croyants de moutons ou de brebis, alors qu'ils étaient des génisses ou des bœufs quelques siècles plus tôt.

L'homme est invité à aimer non plus un dieu observable à travers ses fonctions, mais un dieu totalement inconnu qui aimerait les hommes et le monde à partir d'une réciprocité totalement conceptuelle.

D'une estimation concrète, directement donnée par l'observation ou l'impossibilité de comprendre le monde, de s'y adapter, les hommes sont passés à une estimation idéalisée, à une explication toute théorique de l'inconnu, de l'inobservable en donnant aux idées une force qu'elles ont dû partager dans la recherche du pouvoir. Les religions sont en quelque sorte une adaptation sociale des croyances qui les ont précédées lorsque l'homme était seul devant les forces de la nature.

L'homme isolé devait faire des choix de survie, les hommes regroupés ont sélectionné des comportements en leur donnant un caractère politique ou religieux et certains d'entre eux ont imposé leurs choix dans les deux domaines. Il est intéressant de voir que les deux pouvoirs se sont efforcés de gouverner ensemble, mais cet effort apparent cache mal la concurrence sur tous les plans, aussi bien public que privé. Depuis qu'ils sont en place pour tenter de guider leurs « oilles », les trois religions continuent à s'opposer bien que se donnant une même origine, ce qui montre bien qu'elles ne sont que des interprétations d'un idéal soumis à de multiples variantes. Non seulement elles s'opposent, mais se font la guerre sous toutes sortes de formes et ne craignent pas de répandre la mort au nom d'un amour dont il serait bon de dévoiler la véritable dimension.

Nous oublions seulement que la recherche de pouvoir est originelle et dépend de l'amour original qui n'était alors qu'une force d'union et de cohésion. En pensant, l'homme lui a donné d'autres fonctions sans s'apercevoir qu'il les soumettait à ses caprices de domination.

L'amour originel ne pouvait que conduire à la sauvegarde de l'existant, de l'homme en soi qui ne cherchait qu'à survivre. Toutefois, il ne pouvait que s'associer à une recherche de pouvoir de l'homme sur son environnement ou sur l'ensemble des espèces qui éprouvaient le même besoin de survie. Survivre conduisait alors à gouverner selon ses propres besoins. Il est clair que survivre pouvait aussi conduire à faire disparaître toute opposition au désir d'exister encore.

Tout s'est compliqué à partir du moment où il a fallu partager ce désir, lutter non plus isolément, mais collectivement que ce soit lorsque les hommes n'étaient que l'équivalent des hordes animales jusqu'au jour où ils devinrent des citoyens administrés et responsables au sein d'une cité.

L'amour a perdu sa qualité originelle de force utile, il est devenu un outil au service du pouvoir. C'est ainsi que les hommes qui ne recherchaient pas le pouvoir ont dû faire allégeance à ceux qui le prenaient et savaient l'imposer. L'exemple de Minos, démontrant à ses frères que c'est bien lui qui doit régner peut nous éclairer. En demandant à Poséidon de montrer que les dieux lui sont favorables, il met en avant une force indiscutable et impose son couronnement à l'aide d'une croyance. Nous avons remplacé les rois ou les tyrans par des présidents élus, mais que représente la démocratie si ce n'est une croyance laïque qui ne fait que remplacer le divin et place toujours au pouvoir ceux qui savent entretenir la bonne croyance au bon moment.

L'homme serait-il un animal enfermé dans ses croyances ?

UN ENJEU DE POUVOIR

Que le pouvoir soit politique ou religieux, la mort lui est utile pour se maintenir en place.
Une telle affirmation peut surprendre et pourtant !

Le pouvoir ne s'appuie pas sur un mot, mais sur une réalité qui est devenue peu à peu un objet d'observation et sur un questionnement qui dépasse les interprétations ordinaires de la survie. La mort a donné naissance à des enjeux religieux et politiques tout particulièrement à partir du moment où les hommes se sont regroupés pour mieux organiser leur survie.

Mais elle avait déjà fait naître dans l'esprit des hommes regroupés, en clans ou en tribus, de la peur et certainement un besoin de compréhension. Lorsque la sédentarisation a changé les habitudes, elle a participé sans le vouloir à la conservation du pouvoir qui reste une conséquence du désir de prolonger l'existence et, simultanément, le besoin de l'ordonner. La mort était devenue un obstacle dont l'homme devait s'affranchir, jour après jour, minute après minute, mais l'effort individuel, en devenant collectif, a fait naître des stratégies de groupe avec des adaptations religieuses et politiques de plus en plus précises, de plus en plus dépendantes des autorités en place.

Au moment où les aèdes donnent le pouvoir à Zeus sur les dieux et sur les hommes, dans une Grèce qui se souvient des monarchies mycéniennes, un poète comme Homère distingue la mort qui frappe aveuglement tout un chacun et la mort héroïque qui permet à l'individu d'obtenir une sorte d'immortalité. Je rappelle qu'elle n'est alors qu'une immortalité de mémoire, une trace laissée par le héros dans l'esprit de ses descendants.

Quelques siècles plus tard, nous avons la mort de Socrate qui montre comment le politique fait usage de son droit de vie et de mort.

Après avoir été un simple constat participant à la naissance du dualisme, la mort a suivi les changements que les hommes s'imposaient, à eux-mêmes autant qu'à la nature.

Lorsque l'homme abandonne la chasse et la cueillette pour vivre de façon sédentaire, soit environ 9000 ans avant notre ère, il a identifié la mort depuis longtemps puisqu'il enterrait ses morts 90 000 ans avant. Entre la prise en compte de la mort dans le contexte de la survie et sa récupération idéologique par les hommes regroupés, il y a un changement qui n'est pas propre à la mort elle-même, mais au regard que les hommes vont porter sur elle entraînant son utilisation dans des rituels, que ce soit pour des raisons religieuses ou simplement politiques au sens large du terme.

Vivre ensemble a permis de poser le problème de la mort différemment. Disons que le changement d'attitude des hommes s'est accéléré à partir de nouvelles exigences, plus par rapport aux morts que la mort elle-même.

Pour étudier les agissements de nos ancêtres ou leurs attitudes devant la mort, il faut éviter de transporter nos connaissances sociologiques, anthropologiques ou nos traditions dans un temps où les comportements des hommes sont difficilement observables. Notre tendance, la plus ordinaire, consiste à imaginer nos ancêtres dotés des mêmes capacités intellectuelles que nous ou à interpréter leurs attitudes à partir de nos habitudes, de nos connaissances, de nos choix idéologiques. Il suffit de se demander pourquoi nous avons attribué une âme à de lointains ancêtres, au paléolithique par exemple, pourquoi nous avons imaginé aussi qu'ils donnaient une âme à tout ce qui les environnait, tout particulièrement les forces de la nature qu'ils ne contrôlaient pas. D'abord, nous ne savons rien des idées qui étaient les leurs, si tant est qu'ils aient pu en avoir comme les nôtres, ensuite pourquoi parler d'une âme qui n'est qu'une interprétation relativement moderne de l'inconnu, du mystère ou du merveilleux. Nous parlons aussi d'esprits comme si nos ancêtres, bien avant nous, avaient isolé le corps de l'esprit et cherchaient dans d'autres objets, d'autres corps, des esprits semblables aux leurs ! Nous parlons rationnellement, scientifiquement de sociétés animistes sans nous apercevoir que les mots ne peuvent pas correspondre à des moments de notre évolution où la survie avait une autre dimension que notre quotidien. Or, il ne pouvait pas exister de sociétés animistes puisque les hommes ne vivaient pas regroupés en nombre suffisant pour connaître des problèmes de société ! Là encore, les mots doivent être remis dans leur contexte. Il arrive un moment où la recherche, manquant totalement de preuves ou d'indices, doit s'appuyer sur notre seule imagination. Nous pourrions aussi tenir compte de nos propres comportements s'ils n'étaient pas encastrés depuis longtemps dans des conventions d'ordre cette fois sociologique.

L'homme face à un grand fauve ne se demandait pas s'il avait un esprit ou s'il pouvait le prier d'être indulgent, il ne pouvait que se préparer au combat. Tous les psychologues nous apprennent que l'individu qui ne peut pas fuir devient agressif. Les boxeurs le savent autrement sur un ring. Alors, essayons de faire preuve d'imagination sans nous imposer des jalons culturels souvent trompeurs.

Je veux bien que le sacré soit au cœur de l'inconnu et j'apprécie les travaux de Mircea Eliade, mais je préfère, personnellement, revenir aux atomes sans même leur attribuer un sacré qui ne serait pas religieux, tout juste une manifestation qui ne ferait que remplacer des âmes introuvables. Nous devons être ni croyants ni opposés à toute forme de croyance, nous devons chercher à comprendre ce que l'homme a pu penser, autrement que nous, lorsqu'il partait à la chasse au mammouth ou lorsqu'il se trouvait devant un membre de son groupe terrassé par la mort. J'emploie ici ce verbe pour montrer comment les mots nous orientent au lieu de nous laisser observer l'inconnu. Terrasser peut signifier ajouter un amas de terre contre un mur pour le consolider, jeter quelqu'un par terre en utilisant la force, vaincre, abattre et nous oublions de nous demander si notre ancêtre pouvait avoir le sentiment que la mort était une force responsable de ses actes. Pourquoi et comment aurait-elle décidé et fait en sorte qu'un individu soit jeté par terre, sans compter que même par terre on peut encore bouger ? Pourquoi la mort aurait éprouvé le besoin de combattre ? L'homme avait-il seulement une idée se rapportant à la mort en apercevant un mort ? Avait-il un mot, un symbole, une représentation quelconque de l'homme mort lorsqu'il était encore grandement gouverné par sa survie ?

L'homme ne s'est pas immédiatement préoccupé de la mort pour la simple raison qu'il ne l'a pas identifiée en venant au monde ! Il lui a fallu du temps et finalement pourquoi ? Parce qu'il devait se situer en face d'elle comme en face d'un objet dont il fallait apprendre à se servir. Que faire d'un mort fut probablement la première question, non pas ce qu'est la mort ! Il faut éviter de négliger cette étape fondamentale. L'homme ne s'est pas vraiment posé de question quant à l'utilité de la mort, il s'est contenté de faire comme d'autres espèces carnivores, il a récupéré ce dont il avait besoin pour survivre. Nous refusons aujourd'hui la simple idée d'y penser, même en situation de véritable survie, mais simplement parce que notre éducation nous a habitués à refouler aussi profondément que possible un comportement naturel que nous désignons par le terme de cannibalisme, essentiellement pour le disqualifier. Le cannibale étant considéré comme un sauvage, nos ancêtres ne pouvaient donc être que des sauvages, autrement dit ni des animaux ni des civilisés ! Que le temps se trouve étriqué entre deux mots !

Lorsque l'homme a commencé à concevoir que la mort était associée à la survie, il a découvert une réalité dont il ne pouvait pas soupçonner l'importance. D'abord, il n'a pas observé la mort, mais un ou plusieurs morts, des animaux à la chasse ou des êtres qui lui ressemblaient, avant de les manger crus, cuits longtemps après, des êtres connus ou inconnus, partenaires ou adversaires. Il a donc découvert la mort à partir d'un rapport dominé par l'amour et la guerre, autrement dit par la vie en tant que force originelle. Je ne vois pas ce qu'il pourrait y avoir ici de sacré ! La vie et la mort que nous opposons de nos jours, comme si elles étaient des contraires, allaient ensemble, l'une nourrissant l'autre en quelque sorte. Nous préférons fantasmer à l'aide de notre imagination, mais que représente ce que nous appelons la digestion, si ce n'est un enchaînement de morts et de renaissances naturelles indispensables à notre survie ? Que représente la desquamation si ce n'est le remplacement de cellules mortes par des cellules vivantes sans que notre volonté y soit pour quelque chose ? Nous vivons et notre vie se poursuit en utilisant la mort ! L'homme est omnivore et s'il veut devenir végétarien libre à lui, mais il ne doit pas déduire de son choix que la chair, autrement dit des atomes associés sous forme de cellules et d'organes, n'est pas faite pour l'homme. Les muscles pouvaient servir à lutter, ils pouvaient aussi servir à survivre en les ingérant[29].

Nous refusons de penser que l'homme a mangé de la viande crue bien avant de la faire cuire et même de la viande décomposée qui pouvait provenir de gibier déjà en partie dévoré par les grands fauves. Il s'efforçait alors de prendre ce dont il avait besoin avant d'autres animaux carnivores, ou bien charognards. L'homme de Neandertal a découvert les produits de la mort au cœur de sa survie. Nous pourrions dire, plus concrètement, qu'il a mangé la mort avant d'en faire un objet observable ! Parce que nous sommes enfermés dans des rituels qui donnent à la mort une dimension sacrée, au sens de M. Eliade, nous éprouvons des difficultés à admettre que l'homme s'est nourri de cadavres avant de prendre ses distances vis-à-vis d'elle.

Il ne faut surtout pas glisser trop rapidement d'un régime carné paléolithique, entre 3 millions d'années et 12 000 ans avant notre ère, à un régime carné néolithique plus proche de nos traditions et surtout gommer le premier parce qu'il dérange une sensibilité de convention !

L'alimentation des premiers hommes n'est pas ici qu'un détail. C'est par son intermédiaire que l'homme a découvert la mort, à partir d'êtres morts utiles à sa survie. La mort fut utile

---

[29] Comment encourager le régime végétarien si ce n'est en refusant de voir que les légumes sont aussi des êtres qui vivent, naissent grandissent, se nourrissent, peuvent se reproduire ? Même si nous mangions des cailloux nous mangerions encore de la vie !

avant de devenir l'objet d'un rituel que ce soit pour se protéger du mort, que ce soit pour le protéger lui-même des charognards qui étaient considérés comme des adversaires, que ce soit, plus tard, pour ne pas subir les désagréments de sa décomposition, que ce soit pour le garder près de soi encore un peu, que ce soit pour l'honorer, que ce soit pour suivre une démarche religieuse lorsque ces dernières s'imposèrent. Si Tydée, dans la mythologie grecque, mange la cervelle de son adversaire, c'est bien parce que cette pratique existait, associée à une croyance peut-être, mais bien réelle dans l'histoire des hommes. Manger cuit a certainement fait varier le régime alimentaire des nos ancêtres, mais aussi l'idée qu'ils pouvaient se faire de la mort. Des os brisés et curés ont montré lors de fouilles que l'homme n'a pas attendu notre gastronomie actuelle pour rechercher la moelle des os.

Peut-être faudrait-il rappeler que la cuisson de la viande a précédé l'utilisation du feu dans des sacrifices comme celui dont parle Hésiode dans sa *Théogonie,* les dieux bénéficiant des odeurs provenant de la cuisson ! L'homme connaissant le feu qui le protégeait et l'éclairait a certainement trouvé plus agréable de manger de la viande cuite avant de s'ingénier à organiser sa cuisson en construisant des foyers de plus en plus sophistiqués.

Pour les premiers hommes, le mort et non la mort, qui est une abstraction inconnue pour eux, incompréhensible à leur époque, fut d'abord de la matière, un objet utile ou nuisible que son amour originel, atomique si l'on veut, lui conseillait de prendre et de manger, d'utiliser pour survivre ou d'éloigner. Nous oublions les exigences de la survie qui est pourtant essentielle et détermine les premiers comportements de nos aînés. L'homme a commencé par être un acteur soucieux de l'efficacité de ses actes or le mort n'est plus utile, à lui-même pour commencer. Il est aussi inutile pour ses semblables dont il partage la survie au sein d'une bande, d'un clan, d'une tribu. Il est difficile de choisir le bon vocabulaire, celui qui pourrait rendre compte de petits groupes avant ou au tout début de l'utilisation du feu. Les mots que nous utilisons ont un sens qui se rapporte à une histoire, il n'en existe pas pour parler objectivement des hommes dont nous ne connaissons pas l'histoire ! Il faudrait les inventer, mais pour cela il faudrait vivre à leur place !

Disons que l'homme n'a enterré ses morts que tardivement et pour des raisons certainement plus pratiques que religieuses. Or, le fait de mettre les morts en terre, de les protéger ou de les écarter des vivants ne pouvait que donner de l'importance à un phénomène naturel, lui conférer une nature d'objet possédant sa propre identité et le mettre à la disposition de tous les raisonnements possibles, de toutes les idées provenant de l'imagination des observateurs. L'homme, en découvrant la différence entre le mort et le vivant, ne pouvait que s'interroger peu à peu sur le pourquoi de la mort et le sens qu'elle pouvait avoir dans le contexte de la survie. Mais, cela lui a pris beaucoup de temps.

Il n'a certainement pas pensé prioritairement qu'elle était le résultat d'une décision due à une puissance invisible. Lorsque la mort était encore pour lui un phénomène inconnu, elle ne pouvait qu'être liée à la survie, autrement dit un processus complexe par rapport auquel il n'avait pas pris de recul. Survivre et mourir appartenaient à la même expérience, comme vaincre ou perdre une bataille, un vécu qui n'avait pas encore d'histoire et se déroulait indépendamment d'une volonté balbutiante, dans une sorte d'instant éternel.

Comment aurait-il pu imaginer que la mort dépendait d'un esprit ? L'homme ne savait même pas qu'il était guidé par une force originelle logée en lui pour lui permettre de s'adapter au monde !

Comment est-il passé de cette inconscience naturelle à une conscience de plus en plus fine et détaillée de ses réussites ou échecs pour s'adapter ? Comment est-il passé de l'amalgame survie et mort à une distinction de plus en plus grande de leur nature, à une analyse de leur différence ou de leur rapport ? Ce que l'on peut affirmer est que les fouilles en ce qui concerne l'enterrement des morts ne permettent pas de donner une réponse satisfaisante.

Comment pouvons-nous imaginer la naissance d'un comportement ritualisé qui correspondrait à l'ensevelissement des morts ? Pouvons-nous parler de rite funéraire à partir de la position de quelques corps retrouvés la tête tournée vers le levant ? Pour les spécialistes, les fouilles semblent insuffisantes pour émettre des réponses précises et définitives. Mais, même avec de plus amples observations, pourrait-on concevoir la naissance d'un rite à partir des définitions que nous utilisons ?

Comment les hommes seraient-ils passés d'un comportement utilitaire et instinctif à un comportement ritualisé ? Comment et pourquoi ?

Définir une pratique à partir d'observations est une chose, en déduire une origine en est une autre. Pour qu'un rite se développe, il faut une motivation, une raison, un besoin aussi bien psychologique que sociologique si l'on utilise le jargon habituel. En rencontrant la mort, des morts ce serait plus juste, l'homme a commencé par éprouver des sensations individuelles et c'est bien la promiscuité qui est à l'origine d'une attitude collective et ritualisée. Disons que les premiers hommes, œuvrant ensemble pour survivre, la chasse n'étant qu'un moment particulier, ont découvert le besoin de réagir ensemble devant un phénomène qui les concernait tous. Le mort était un des leurs ! Il est donc possible qu'ils aient cherché à se rassembler pour opposer une plus grande résistance à une force invisible, incompréhensible, surnaturelle qui les attaquait ! Un homme tué par la foudre ne pouvait l'avoir été que par la nature, ou parce qu'il n'avait pas fait ce qu'il fallait pour continuer à survivre. Mais qui pouvait en juger ? Sans attribuer à la foudre un esprit, une âme, une déité, les hommes ont commencé par comprendre qu'elle était d'une nature particulière et ne pouvait pas être maîtrisée. Avant que la nature ne soit personnifiée, elle fut démultipliée en autant de forces invisibles et incontrôlables. Comment, dans ces conditions, dégager une vision de la mort qui soit homogène et devienne générique ? Seul le résultat représentait une constante ! Le mort ne bougeait plus !

Quoi qu'il en soit, le mort posait un problème ne serait-ce que par sa présence. Devenu inutile il devenait aussi nuisible à travers ce qu'il était et ce qu'il rappelait. L'enterrement fut une solution pour dérober le mort aux organes des sens de ceux qui continuaient à survivre : à la vue pour commencer, à l'odorat ensuite, et aux sentiments plus ou moins partagés. L'ensevelissement fut alors une sorte d'action permettant la survie du groupe, assurant sa cohésion, sa force, sa volonté de poursuivre un même chemin, de changer de chef lorsque le mort était ce dernier. Il a pu être également un point d'orgue dans le quotidien et rassembler les membres du groupe autour de l'inconnu, de l'invisible, de l'immatériel, de l'intelligible, mais là c'est notre imagination qui s'emballe. En délaissant momentanément l'actualité, et même le futur, les hommes se retrouvaient alors en communion involontaire avec l'avant, les temps anciens, ce qui avait existé à l'origine, celle qu'ils pouvaient concevoir. Non qu'ils aient pris conscience d'un quelconque retour à cette origine, mais l'instant ritualisé a certainement accéléré le sentiment d'une différence majeure entre l'avant et l'après. Le mort a pu être ainsi un élément important dans la prise en compte du temps !

Il est enfin possible de voir dans la coutume de l'ensevelissement une attitude collective respectueuse d'un ordre qui ne serait pas celui du groupe. Faut-il parler de religion ou simplement de sacré au sens où le collectif représente plus que l'ordonné, l'administré, le coordonné ! Le groupe aurait-il pris conscience de sa force, de son originalité par rapport au politique, de sa supériorité et de sa capacité à imposer un ordre différent ? En amont du rite n'y a-t-il pas aussi un sentiment d'appartenance, de communauté, de fraternité, d'identité nouvelle ?

Prenons un exemple, celui de la condamnation d'Antigone pour avoir voulu ensevelir son frère Polynice. Créon, alors roi de Thèbes, a ordonné l'interdiction d'ensevelir Polynice venu faire la guerre à son frère Étéocle qui refusait de rendre le pouvoir. Sa sœur Antigone refuse de respecter l'ordre et ne craint pas d'aller au-devant de la mort en accomplissant un rite qu'elle considère au-dessus des lois. Elle ne fera que jeter quelques poignées de terre sur le mort, mais cela suffit pour la condamner. Meurt-elle pour avoir respecté un symbole ? La légende ne nous dit-elle pas que le rite est au-dessus des lois ? Irons-nous jusqu'à soutenir que le sacré est supérieur au politique, sans aller jusqu'à confondre le religieux et le sacré ?

La légende ne dit-elle pas que le rite est l'équivalent d'un ordre supérieur ? Le serait-il parce qu'il émane du groupe et que le groupe est plus fort que l'individu, même monarque ? Hésiode ne nous donne-t-il pas la même information en opposant la justice de Zeus et celle des aristocrates. Or Zeus est un tyran. Il s'impose comme tout monarque et ne pourra que perdre le pouvoir à son tour lorsque la justice deviendra réellement celle de la cité ! Toute l'histoire de la république ne commence-t-elle pas avec un rite communautaire ? Le sacré qui accompagne le rite serait alors une force nouvelle que les hommes perçoivent en l'isolant du politique et sans faire référence à du religieux.

Mais, l'ordre n'est pas sacré, il est un produit de l'intelligence humaine, il accompagne le pouvoir. Le sacré serait une force invisible, inobservable et cependant ressentie par le groupe comme supérieure à toutes les forces qu'il peut produire dans un contexte utilitaire. Les morts ont-ils conduit nos ancêtres à imaginer un au-dessus par rapport à tout ce qu'ils pouvaient observer, un au-dessus inobservable, peut-être même un ailleurs ?

Le rite apparaît ici plus fort que la loi. La mort n'est rien en comparaison de son non-respect ! Or, la légende nous parle d'un temps qui est presque le nôtre !

Ce que nous devons retenir n'est-il pas la mise en évidence d'un objet particulier : la mort, par l'intermédiaire d'un mort ou d'un ensemble de morts ? En ensevelissant les morts, les hommes distinguent la mort de la survie, ils officialisent la différence et amorcent un questionnement sur l'invisible ou l'inconnu, l'inobservable en se servant de leur imagination. Avec cette séparation, ils mettent en lumière deux façons de lire le monde et montrent qu'ils ne confondent plus, dans ce monde, ce qui est observable par les sens et ce qui ne l'est pas. Nous sommes à l'origine de la pensée discursive, de l'idée et non de la ruse que personnifie Zeus. Nous comprenons que le sacré puisse prendre de l'importance et que derrière le sacré puissent s'engouffrer les religions monothéistes.

Il est un fait que des tumulus les plus rudimentaires aux pyramides les mieux pensées, l'ensevelissement a changé aussi bien dans sa forme que dans ses intentions et si des traces de confort sont associées aux premiers morts, la survie n'était probablement pas encore pensée comme elle va l'être en Égypte.

Pouvons-nous approfondir ?

L'amour original a donné à l'homme le désir de continuer à s'associer à d'autres individus, particulièrement de la même espèce, et nous pouvons penser que ce désir est à l'origine d'un ensemble d'impressions, voire de sentiments, de plaisirs secondaires, que ce soit avec les femmes pour leur faire des enfants, que ce soit avec les enfants qui grandissaient au milieu des adultes, que ce soit vis-à-vis des adultes qui les protégeaient ou les instruisaient.

Lorsque la mort touchait l'un d'entre eux, cela pouvait engendrer un réel désagrément, une sorte d'incompréhension, de tristesse, d'impuissance. La mort d'un être connu, aimé au sens associatif, ne pouvait qu'être différente de celle d'un animal pendant la chasse ou d'un adversaire pensant la guerre. La mort d'un adversaire ne pouvait qu'apporter du plaisir, de la satisfaction, une impression de supériorité, de réussite dans le contexte de la survie. Ce n'était plus le cas avec la mort d'un partenaire ou d'un responsable.

Les hommes n'ont pas attendu de vivre en société pour apprécier une aptitude supérieure chez certains et en faire des chefs ou des guides, plus tard des devins, des individus que l'on pouvait questionner lorsqu'un problème apparaissait. L'homme ne vivait pas seul, comme les anachorètes. Il partageait sa survie avec d'autres et c'est ce partage qui a fait naître plus que de l'attirance, plus que de l'amour : de la confiance, de la reconnaissance aussi, un sentiment d'entraide, de plus grande efficacité, de supériorité. Nous pouvons considérer la survie à plusieurs comme l'origine d'un échange et non plus d'une simple rencontre inconsciente, ce qui est différent sur le plan relationnel. En vivant des échanges, les hommes n'ont pas découvert immédiatement le commerce, mais la possibilité d'évaluer des objets et de les utiliser à d'autres fins que de les posséder pour eux-mêmes. Or, il semblerait que la mort des enfants soit moins importante que celle des adultes ! L'enfant ne comptait-il dans le groupe qu'en devenant adulte ? Quand donc est-il devenu un adulte en puissance qui doit être éduqué, ou initié et par qui ? La mort nous apprendrait donc comment vivaient les hommes, comment ils distinguaient les âges au sein d'un groupe ! Or l'âge est bien d'abord un atout ou une faiblesse dans le contexte de la survie !

L'homme ne s'est pas toujours interrogé sur la mort, son comment et son pourquoi, surtout lorsqu'il la donnait à ses adversaires, ne serait-ce que pour survivre. Cela se passait dans l'instant et il ne devait pas être possible de s'attarder sur ce genre de détail. Cependant, il a bien fallu, pour survivre, que l'homme apprenne à se méfier des causes de la mort pour ne pas la subir. Mais pourquoi ? Tout simplement parce que la mort entraînait l'incapacité matérielle d'agir et que l'action, à cette époque, était la manifestation qui représentait le mieux la survie. On peut imaginer que l'homme, observant un mort pour la première fois, ait pu tenter de le mobiliser, de le faire réagir, de lui rendre ce que nous appellerions l'illusion de la vie ! Ce n'est que plus tard qu'il a différencié les morts, qu'il a constaté qu'ils ne lui faisaient pas tous la même impression.

L'homme a certainement connu la souffrance qui peut précéder la mort et il a sûrement cherché à la faire disparaître, à se soigner si l'on veut. Nos ancêtres n'étaient pas des plantes ! Mais, si un arbre, une plante sont capables de souffrir, comment les hommes auraient-ils pu ignorer un tel état ?
Il est peut-être difficile de parler de médecine, mais il faut admettre que très tôt, à l'époque de la chasse et de la cueillette, nos ancêtres ont usé d'une médecine naturelle à base de plantes. Leurs observations ne pouvaient que les instruire quant aux effets de certaines d'entre elles et il est même pensable que certains hommes se soient montrés plus efficaces dans l'art de guérir. Que dire des trépanations et des réductions de fractures observées à partir d'ossements anciens ? La vie de nomade ne permettait pas aux épidémies de s'installer, mais les traumatismes étaient nombreux et soit l'individu était immobilisé, la fracture étant réduite, traîné sur des brancards faits avec des branchages, soit il

succombait et devait être laissé en chemin, ne pouvant être d'aucune utilité pour le groupe. En quelque sorte il était mangé par d'autres espèces, elles aussi s'efforçant de survivre. Dans le meilleur des cas, il était recouvert de terre ou placé sous un amas de pierres pour ne pas être dévoré trop vite.

Les premiers hommes qui vivaient en bandes relativement importantes se partageaient les territoires les plus riches en nourriture, mais ils les partageaient aussi avec les animaux qui ne connaissaient la survie que sous sa forme la plus élémentaire. Leur puissance était telle qu'ils étaient certainement les adversaires les plus dangereux pour l'homme. Il est permis de penser que les fauves ou autres animaux de puissance incomparable sont à l'origine de la mort la plus fréquente. Il faut bien admettre que l'homme terrassé par un lion ne pouvait devenir que de la nourriture et qu'il n'était pas facile d'envisager l'enterrement de son cadavre.

Qui dit survie, dit lutte pour se nourrir et donc élimination de ceux qui recherchaient la même nourriture, autrement dit guerre entre groupes constitués. La nécessité de se nourrir a appris à des animaux l'art de se regrouper pour chasser, il en fut de même pour l'homme et nous comprenons que le besoin de tuer ait pu se trouver à l'origine de diverses stratégies de chasse ou de guerre. Toutes les formes de lutte pour la survie furent probablement une cause importante de mortalité, une cause aussi originelle que l'amour. Les morts, dans ces conditions, ne pouvaient pas toujours être enterrés, les autres membres du groupe ayant certainement préféré la fuite. Restait les morts pas accident ou maladie, ceux qui demeuraient au sein du groupe et pouvaient poser problème.

La guerre n'était pas le seul fléau, la seule source de mort.
L'amour a pu faire le lit de la haine ou de la convoitise, le lit de la violence au sein du groupe lui-même. Le pouvoir, sous toutes ses formes, ne pouvait qu'alimenter cette dérive ou entraîner des attitudes plus ou moins hostiles à l'égard de ceux qui donnaient la mort pour des raisons personnelles et non collectives. Il est difficile de dire que nous tenons là l'origine de

la vendetta, mais il est probable que la mort, donnée pour des motivations individuelles, ne pouvait que faire émerger des sentiments partagés, des désirs de violence pouvant entraîner la destruction ou la déstructuration du groupe. C'est la recherche du pouvoir, sous quelque forme que ce soit, qui a donné naissance à des rapports de force moins naturels, moins spontanés et a conduit à préméditer la destruction d'un type nouveau de l'adversaire puisque la survie n'était plus alors en jeu.

Le problème que pose une telle mort est différent. Il entraîne une réflexion du groupe et bien avant qu'un jugement soit donné par des hommes assermentés, il est apparu un besoin de comprendre, d'estimer, de juger et cela ne pouvait se faire que par rapport à des sentiments. La haine et la violence qu'elle entraînait apparaissaient comme le contraire de l'amour originel, spontané. Ne peut-on pas dire que le pouvoir religieux et le pouvoir politique ont utilisé cette mort pour apporter des solutions capables de renforcer leur autorité ? Que représente la vengeance dans ce domaine ?

La mythologie grecque nous apporte une réponse, mais sans nous aider vraiment à nous situer dans le temps. Elle serait à l'origine une puissance incontrôlable. Les Érinyes sont des êtres chargés de poursuivre les criminels, mais il faut aller plus loin dans l'interprétation. La légende nous dit qu'elles sont nées des gouttes de sang tombées du sexe d'Ouranos sur la terre au moment où Cronos le castrait.

Pierre Grimal, dans son *Dictionnaire* ajoute :
« *Ce sont des forces primitives, qui ne connaissent pas l'autorité des dieux de la plus jeune génération... On les représente comme des génies ailés, dont les cheveux sont entremêlés de serpents ; à la main elles tiennent des torches ou des fouets. Quand elles s'emparent d'une victime, elles la rendent folle, la torturent de toutes les manières.* » (p.146)
Nous ne pouvons pas parler de vengeance au sens individuel du terme, mais d'une défense de la nature qui refuse d'être dénaturée, qu'il s'agisse de l'homme ou d'autres espèces.

La Terre, ou Gaia, mère et épouse d'Ouranos, a demandé à ses fils de mettre un terme à l'amour insatiable d'Ouranos parce que ce dernier lui demandait de garder ses enfants dans son ventre. C'est elle qui donne la serpette à Cronos pour émasculer Ouranos. Or Cronos n'est pas poursuivi pour son crime et prend le pouvoir en épousant Rhéa et en mettant au monde la seconde génération de dieux. Nous pouvons considérer que Gaia, après avoir fait naître le monde, a voulu lui donner des règles et a fait naître des forces protectrices de l'ordre ancien, qui ne peut être social, des forces destinées à pourchasser tous les crimes pouvant le troubler.

C'est un peu le rôle qu'aura Artémis en défendant une virginité qui n'est que celle du monde tel que Gaia l'a construit.

Si ces forces existaient encore, les hommes auraient un autre sens des responsabilités vis-à-vis de leur environnement !

Les Érinyes ne font pas partie des dieux anciens, elles sont des forces de la nature. Elles accompagnent l'amour originel avec lequel Gaia a conçu le monde. Il n'est donc pas possible de les associer à un quelconque pouvoir religieux. Par contre, lorsque Zeus prend le pouvoir à Cronos et impose son ordre, nous pouvons dire que la religion va s'efforcer de contrôler cette force qui pourrait être contraire à sa propre justice. Or, cette justice est encore, dans la poésie d'Homère, celle d'un tyran et il faut attendre les Tragiques pour trouver l'amorce d'une justice nouvelle, soit quelques siècles à peine avant notre ère.

Il est évident qu'en parlant du religieux, il faut éviter de confondre le religieux dominé par un ensemble de divinités et le religieux monothéiste que nous connaissons mieux.

Au moment où les hommes deviennent sédentaires, où naissent les premières cités, nous nous trouvons devant une sorte d'association presque contractuelle entre le religieux et le politique, obligés de partager le pouvoir. Il faut gérer les hommes administrativement, mais il faut aussi les contrôler idéologiquement et le religieux est alors étroitement associé à leur éducation, une éducation plus affective qu'intellectuelle, apportant des normes de comportement. Les légendes sont alors une école laïque et religieuse qui montre ce qu'il faut faire et penser, mais qui reste étroitement liée à un régime monarchique, les dieux ayant toujours raison, l'homme restant leur vassal.

Ce qu'il faut retenir est certainement la volonté de donner à la cité une religion qui lui convienne. On parlera d'une religion de la cité, celle qui sera choisie par le pouvoir en place. Mais au même moment, il semble bien que certains sites religieux, oraculaires, ou sièges de mystères, soient tentés de donner des ordres politiques comme Delphes en particulier. Il y a comme une interférence entre les deux pouvoirs ou peut-être une sorte de connivence !

Les légendes nous font connaître le choix des villes comme si les divinités s'étaient opposées sans tenir compte des hommes. Il est clair que c'est l'inverse qui s'est passé. On peut retenir l'opposition entre Athéna et Poséidon pour la conquête de l'Attique. Il avait offert un lac salé qu'il avait fait jaillir sur l'Acropole d'Athènes, elle avait fait naître un olivier ! Les aèdes ne manquaient pas d'imagination ! Mais en disant que les Olympiens rassemblés avaient choisi l'olivier, ils nous font oublier qu'Athènes avait sa propre politique. Pour sa part, Pierre Grimal nous dit dans son *Dictionnaire de mythologie grecque et romaine* :

« *Athéna était souvent prise comme protectrice ou patronne par des villes. Outre Athènes à laquelle elle passait pour avoir donné son nom, elle avait des temples dans la citadelle de cités comme Sparte, Mégare, Argos...* » (p.58)

En rappelant ces faits, je veux surtout montrer que chaque ville fut obligée de légiférer sur tous les plans de la survie. La mort n'était pas la seule préoccupation des villes, mais elle devait être traitée juridiquement, administrativement, collectivement par des fêtes ou des rites.

Ce qui semble tenir une place plus importante, sur le plan politique, est le meurtre. Eschyle fait naître une nouvelle justice dans sa tragédie et cela nous montre que la mort au regard du pouvoir change de nature en passant d'une justice naturelle assurée par les Érinyes à une justice utilisant des juges, des tribunaux et dans laquelle le pouvoir s'impose comme un arbitre. Quelle différence entre la justice d'Ulysse revenant à Ithaque pour se venger des prétendants et le jugement d'Oreste dans lequel Apollon prend sa défense devant les Euménides, ou Érinyes, ordinairement chargées de poursuivre tout criminel ! Eschyle, dans *Les Euménides,* ne fait-il pas dire à Athéna devant les citoyens d'Athènes :

« *Si vous révérez, comme vous le devez, ce pouvoir auguste, vous aurez là pour protéger votre pays et votre ville un rempart tel qu'il n'en est pas au monde... Incorruptible, vénérable, impitoyable, sentinelle éveillée pour garder la cité endormie, tel sera le tribunal que j'institue.* » (p.227)

Dans les deux cas, Ulysse et Oreste, Athéna est à la manœuvre, mais l'interprétation qu'en donnent les poètes est bien différente ! Dans le premier, la ruse sert à la vengeance et Zeus contraint les familles à accepter la justice d'Ulysse, nous sommes au temps d'Homère ! Plusieurs siècles après, la justice ne peut plus être la même et le rapport à la mort a changé de nature. L'homme n'est plus seul devant une justice naturelle, il est accompagné, voire conduit vers une évaluation qui ne lui appartient plus.

À partir du moment où des hommes demandent que Zeus intervienne, prenne le pouvoir, légifère pour assurer l'ordre dans les villes, nous pourrions dire que le religieux intervient et prend le criminel en charge et donc la mort. Mais ce religieux ressemble fort à du politique ! L'ordre n'a rien d'affectif et utilise la raison dont Athéna n'est qu'une personnalisation décidée par des hommes.

Jusqu'à l'apparition des religions monothéistes, plus étroitement liées à l'inobservable, l'ordre sera comme partagé entre le religieux et le politique.

C'est en devenant sédentaire que les hommes ont découvert toutes sortes de maladies trouvant leur origine dans la promiscuité. Le fait de se regrouper, dans des lieux restreints, de stocker de la nourriture de façon artisanale, de vivre au contact des animaux domestiqués, quelle que soit leur taille, permit l'éclosion de maladies et d'épidémies qui entraînèrent certainement plus de morts que les guerres elles-mêmes pour la maîtrise d'un territoire. Il est alors facile de comprendre que la mort soit devenue un problème politique, les vivants et les morts ne pouvant pas cohabiter sans inconvénient. Alors que les anciens étaient dominés par la nature, la nature commence à l'être par l'homme ce qui va entraîner certaines règles, d'autres comportements et, devant la mort, une attitude responsable.

Nous pourrions dire, pour des raisons d'hygiène, mais elle n'existait pas, les vivants ont dû se protéger des morts ! Non que les morts représentaient une menace directe, mais il apparut que leur proximité ne pouvait être que néfaste. La survie du groupe dépendait de son affranchissement par rapport à la mort. Si nos ancêtres enterraient leurs morts il y a 100 000 ans, bien avant de se sédentariser, c'est parce qu'ils ne pouvaient pas les garder avec eux et qu'ils essayaient de les soustraire aux charognards, à toutes les espèces qui pouvaient se nourrir de leur chair, même décomposée. Il y avait là une sorte de reconnaissance, de protection qui pouvait signifier que les individus étaient conscients d'une distinction et ne se confondaient plus avec les autres espèces.

100 000 ans c'est peu par rapport à 3 millions d'années, mais c'est beaucoup par rapport à 9000 ans de vie sédentaire. Il y eut donc une reconnaissance de la mort bien avant la sédentarisation, un début de distinction entre l'homme vivant et l'homme mort se soldant par un comportement particulier qui n'était plus explicable par un utilitarisme quelconque. L'enterrement, même limité, ne pouvait qu'être lié à un besoin affectif, nous dirions d'ordre psychologique, mettre en évidence une différence fondamentale entre des actes ou expériences et des sentiments.

L'amour responsable de la survie, relatif au besoin de dominer, à la recherche du pouvoir, laissait apparaître un autre amour, davantage lié à la mémoire du passé qu'à la conquête du futur.

L'enterrement des morts n'avait rien de religieux à l'époque. Il s'agissait de mettre le corps à l'abri des regards, certainement des odeurs et l'enfouissement du cadavre dépendaient des lieux où se trouvait le groupe. Toutefois, ce geste vis-à-vis du mort témoigne simultanément d'une conscience identitaire et d'un respect de la part du groupe qui pourrait bien être les prémices d'une dimension religieuse.

D'un enterrement que nous pourrions qualifier de spontané, exigé par la mort elle-même, laissant le cadavre sur place, nous passons à un enterrement de plus en plus protecteur qui, pour les chercheurs, devient un indice d'enterrement volontaire, intentionnel, auquel on peut associer des rites de plus en plus importants. La position du cadavre, les ornements que l'on retrouve sur lui, la qualité de la terre rapportée pour recouvrir le corps, l'utilisation de l'ocre ou de pierres pour daller la tombe et ses parois, montrent que l'enterrement était soigneusement préparé. Mais, tout cela ne permet pas de déduire l'idée que les hommes se faisaient de la mort. Il est évident que le Néolithique a permis de mettre à jour une intentionnalité de plus en plus marquée, mais, le rituel de la mort, l'enterrement devant un ensemble d'individus de la même espèce, n'a pu qu'être imposé, seuls quelques individus donnant à la cérémonie ses règles et son caractère.

Il est difficile de dire si le religieux a précédé le politique, mais la qualité des tombes, individuelles ou collectives, proches des maisons ou à l'écart sous la forme de villages réservés aux morts montre que la mort est devenue une préoccupation des vivants ne serait-ce que pour protéger une survie rendue délicate par la sédentarisation. En restant sur place, les vivants vont être conduits à éloigner les morts, à les enterrer de mieux en mieux. Il est difficile d'associer un rituel quelconque à un besoin purement matériel, besoin que le moindre raisonnement rend pourtant indispensable. Quelle serait son origine si nous le séparions de l'ensevelissement proprement dit ?

Tandis que l'observation élémentaire montre que le cadavre est néfaste aux survivants, il est possible d'envisager une réflexion d'ordre sociologique ou simplement affective pour comprendre l'avènement d'un éloignement. Disons que le politique a précédé le religieux pour des raisons pratiques. Il s'est imposé aux hommes regroupés en villes ou en villages, mais il s'est aussi trouvé associé au religieux à partir du moment où la mort n'apparaissait plus comme une simple manifestation de la nature.

Faut-il parler d'enjeu de pouvoir ?

Le fait est que dans chaque domaine, la mort, comme tant d'autres choses, fut utilisée pour contraindre, pour organiser des comportements ou des façons de penser, pour leur donner du sens et pour unifier les corps et les esprits autour de valeurs considérées comme supérieures. Les dieux, peu importe leur nombre, ou les monarques, quelle que soit leur nature, ne pouvaient que prendre en charge la mort et ses conséquences au sein d'un groupe. Nous pouvons parler d'enjeu de pouvoir sur le plan du rapport entre l'individu et le groupe. Le religieux comme le politique, en intervenant, ne pouvaient que renforcer leur autorité. Il est assez intéressant de voir que non seulement les hommes ont dû apprendre à se respecter entre vivants, mais que le religieux et le politique ont transformé les coutumes en règles, ou en lois. Ce qui était spontané dans un groupe s'est trouvé ordonné, rationalisé, placé sous des autorités qui ne sont plus la communauté, mais le pouvoir en place.

Le politique ne pouvait que se préoccuper d'un problème d'hygiène publique, mais ne pouvait le faire qu'en tenant compte des concepts religieux de chaque époque. La séparation de l'Église et de l'État n'existant pas il ne pouvait exister qu'une sorte d'accord incontournable.

LA CONSÉQUENCE

Il est certain qu'il faudrait parler de conséquences multiples, mais il est permis d'en isoler une qui nous intéresse directement aujourd'hui puisqu'elle fait de la mort un mot qui empoisonne notre vie.

Pour bien évaluer cette conséquence, il faudrait commencer par observer l'actualité, l'idée que nous nous faisons de la mort et qui donne une coloration particulière à notre existence jusqu'au moment où la mort se matérialise et se restreint à un cadavre. Depuis quand sommes-nous enfermés dans des images horribles, des symboles peu encourageants comme un squelette tenant une faux, ou dans des rêves insensés qui disparaissent dès que le moindre indice de faiblesse ou de mort apparaît ?

Faut-il s'étonner que le langage puisse traiter distinctement l'être vivant humain et l'être vivant animal en allant jusqu'à parler de dépouille mortelle pour le premier et de charogne pour le second ? Nous pourrions nous demander depuis quand l'homme se veut différent de l'animal au moment de la mort, mais nous pourrions dire qu'il s'est voulu différent tout au long de sa vie en oubliant qu'il n'était que de la matière, du moins lorsqu'il s'est mis à penser avant d'agir ! Comme toutes les espèces il meurt et son cerveau bien que plus développé ne lui permet pas d'échapper à la mort !

En fait, il est inutile de parler de l'image actuelle de la mort pour comprendre qu'elle est bien le produit d'un effort de définition et d'appropriation par l'ensemble des hommes, que ce soit dans un registre religieux ou politique. L'homme qui meurt est bien un corps administré, juridiquement évalué et, en même temps, un esprit plus ou moins dépendant d'une religion qui prétend accompagner son âme dans un voyage qui manque cruellement de certitudes !

La conséquence la plus importante de l'intervention du pouvoir, religieux ou politique, est d'avoir isolé l'homme des autres êtres vivants, de lui avoir fait croire qu'il n'était pas une charogne au moment de la mort ! C'est cet aveuglement que je voudrais essayer de comprendre. Il semblerait que ce soit, encore une fois, la faute des autres, mais il n'est pas interdit de penser que la nature même de l'être que nous sommes, car l'être que nous sommes devenus n'a pas beaucoup changé, y a participé amplement.

Parce que nous sommes des atomes qui se manifestent à partir d'une forme, nous restons de la matière, mais une matière fragilisée dans sa forme. Ce n'est pas la matière qui doit s'efforcer de survivre, elle est immortelle, mais la forme qui, du fait de sa venue au monde, doit lutter en permanence pour exister. Or, le changement qui s'applique à tout, à l'homme comme au monde dans sa totalité observable, met chaque jour en péril cette association qui n'a que l'amour pour s'imposer.

En explorant des temps anciens, les scientifiques ont étudié tout ce qu'ils trouvaient, que ce soit sur le plan religieux ou le plan politique, et se sont efforcés de donner une interprétation permettant de regarder vivre ou mourir nos ancêtres. Ou bien ils ont eu le scrupule de ne pas dépasser leurs découvertes, ou bien ils ont essayé de construire la vie et la mort à partir de quelques objets, de quelques peintures rupestres, à partir de quelques os brisés ou de corps gardant des positions particulières. Ils nous ont permis de rêver et d'imaginer des êtres qui nous ressemblaient, mais vivaient il y a très longtemps. Leurs interprétations sont humaines, elles correspondent à nos besoins multiples et diversifiés de comprendre qui nous sommes, d'où nous venons, où nous allons en tant qu'être et non plus seulement en tant que citoyen.

Aujourd'hui comme hier, il a suffi que nous sortions du créneau particulier de notre propre existence pour que naisse une multitude de questions, en particulier celles qui se rapportent à la mort.

Parce que la survie conduit à la connaissance, à l'interprétation des faits et à leur mémorisation, parce que l'homme pour s'adapter a naturellement cherché à comprendre la vie et la mort comme tant d'autres objets inconnus, nous nous sommes éloignés du réel et nous l'avons remplacé par des impressions, des croyances au sens large du terme. Il ne s'agissait pas encore de croire de façon religieuse, mais de croire ce que nos expériences semblaient démontrer. Il en est allé de la mort comme du reste. En ignorant les atomes et leurs mariages sous l'effet de l'amour, nous l'avons remplacé par des convictions plus ou moins vite partagées, autrement dit des idées qui ne pouvaient rendre compte de leur origine. La modernité a souvent bon dos, il faut lui associer non pas l'originalité de la manifestation, mais celle de notre curiosité nécessaire.

Les chercheurs ne font que suivre leurs traces, mais leur intelligence ou leur raison ne nous aide pas toujours à imaginer ce que pourtant la psychologie la plus élémentaire pourrait nous aider à analyser. L'amour d'une mère a certainement peu changé !
La difficulté majeure, dès que nous tentons d'interpréter l'inobservable, est que nous ne pouvons le faire qu'à partir de nos propres capacités intellectuelles, de notre éducation, de nos traditions qui ne sont plus des coutumes depuis longtemps. Les instincts ont été remplacés par des automatismes acquis et nous ne pensons plus, depuis des milliers d'années, qu'à partir de concepts politiques ou religieux qui nous ont progressivement isolés du réel, de l'être que nous étions avant que des idées, chères à Platon, ne viennent nous apprendre qui il était, ou qui nous étions !
Nous n'avons pas quitté le monde de la matière brutalement pour plonger dans celui des idées, mais il semble bien qu'il soit devenu presque impossible de revenir aussi près que possible de nos origines. Il faudrait retrouver l'intelligence de la matière, revenir dans nos cellules, ne plus brandir des idées sur tout, être sans le vouloir, sans le concevoir, sans tenter de ressembler à une

image, autrement dit vivre sans décider de vivre. Nous sommes des êtres vivants parce que nos tissus, nos organes, nos cellules sont des associations d'atomes qui possèdent la vie et ne font que nous en proposer l'usage. Tout le reste est affaire de curiosité et d'imagination. Nous passons l'essentiel de notre existence à fantasmer, à paraître en oubliant que tous les habits que nous endossons ne sont que du vent, de l'artificiel, du maquillage pour ressembler à ce que nous voudrions être. La peau du Lion de Némée pour Héraclès !

En faisant de plus en plus confiance à notre cerveau, il faudrait dire l'hémisphère gauche, nous avons négligé, refoulé, déconsidéré tout ce que le reste de notre corps pouvait nous apprendre, tout ce qu'il faisait dans l'anonymat le plus grand, seule la souffrance causée par la maladie ou l'accident nous rappelant qu'il existait. Or, la survie est essentiellement son affaire et notre imagination ne fait souvent que lui imposer des difficultés complémentaires. Notre cerveau semble être un expert dans l'invention de toutes sortes d'obstacles, juste pour s'enorgueillir de les avoir surmontés ! Ce que l'homme nouveau a de différent avec l'homme ancien est qu'il est devenu un cerveau qui se déplace dans un environnement construit, alors que nos ancêtres étaient des corps cherchant à comprendre un monde avec lequel ils subissaient toutes sortes de changements. Les sens étaient leur cerveau et nous comprenons mieux que les aèdes aient pu opposer l'homme qui pense après et celui qui pense avant. Nous sommes l'enfant du second et ne pouvons rien y changer !

Tant que nous avons tenu la mort loin du silence des organes, là où nous plaçons ordinairement la santé, tant que nous avons considéré l'être mort et non l'image, ou l'idée, qu'il ne tardera pas à susciter en nous, elle n'a pu que nous habiter, en même temps que la vie, l'inconnu, l'invisible, l'informel. Or, la vie étant une force, apportée comme une dot par les atomes au moment de leur mariage ou de leur manifestation formelle, il aurait fallu laisser la mort dans l'irrationnel et ne pas chercher à l'isoler pour mieux la dominer comme tant d'autres obstacles naturels. Mais, nos ancêtres n'ont pas agi volontairement, ils ont réagi en cherchant une cause aux effets qu'elle produisait sur eux. C'est en voulant maîtriser cette force naturelle qu'ils ont amorcé un processus d'identification qui est à l'origine de notre conception moderne de la mort.

Parce que la mort, par l'intermédiaire d'un ou plusieurs morts, ne pouvait agir que sur les émotions de nos ancêtres, comme toute source d'agression, ils ont été portés à chercher le pourquoi de leurs sentiments, de leur tristesse, de leurs angoisses, autrement dit leur véritable cause.

Mais, surtout parce que l'homme devait vaincre pour ne pas disparaître en tant qu'espèce, parce que la survie le portait vers le pouvoir, il ne pouvait qu'éprouver le besoin de gouverner la mort. Or c'est le contraire qui s'est passé puisque nous avons surtout retenu que la mort nous fauchera, un jour ou l'autre, quoique nous fassions pour l'écarter de notre existence.

C'est en s'aventurant dans l'inconnu, en voulant éclairer une ombre, que nous nous sommes fourvoyés et que toutes nos tentatives pour apercevoir une vie après la vie se sont soldées par des incompréhensions, des interprétations insatisfaisantes, même si des jalons indéniables se dressent devant notre raison incrédule.

Cela dit, il faut bien tenter de résoudre une équation que notre intelligence a fait naître alors qu'antérieurement, à l'origine, il n'y avait pas de problème : la mort et la vie ne se distinguaient pas de la survie. C'est, d'une certaine façon, notre souci d'objectivité qui est la cause d'une mort qui nous domine. Mais que domine-t-elle vraiment ?

Étant plus à l'aise avec la mythologie grecque, je m'appuierai plus facilement sur ses données qui ne sont pas que des fables puisqu'elles sont une analyse enracinée dans l'histoire et faite par des hommes aussi intelligents que nous. Il n'y a pas lieu de choisir une façon de penser, comme l'a fait Platon, il est préférable d'utiliser notre cerveau pour remonter le temps, si possible au moment où l'homme pensait réellement après avoir agi.

À l'origine, la légende nous invite à tenir compte de Gaia et d'Éros pour expliquer la création du monde et la cohésion des différentes associations de matière. Disons tout de suite que cet Éros n'est pas le fils d'Aphrodite et d'Arès, puisque Cronos, le temps, n'a pas encore pris le pouvoir. Il y a là une explication que nous ne prenons jamais en compte ou presque. Le monde est né, puis toutes les formes ou espèces, mais elles restaient dans l'obscurité, l'invisible, et c'est Cronos, le temps, qui, en prenant le pouvoir les fit exister en les rendant visibles. Or cette visibilité, associée au temps, nous apprend que le fait de connaître induit la durée, le temps qui passe, comme si le fait de progresser dans le connu nous éloignait de l'inconnu, jour après jour, génération après génération. Nous aurions donc ici deux destinations opposées et complémentaires : l'une partant de l'inconnu pour aller vers le connu, l'autre partant du connu pour aller vers l'inconnu. Il a donc fallu un moment zéro pour que ces deux trajectoires existent et ce temps zéro est la castration d'Ouranos. Tant que Gaia lui faisait des enfants et les gardait dans son ventre, dans l'invisible, l'inconnu, elles n'existaient pas, n'étaient pas nécessaires. À partir du moment où Cronos, le temps, prend le pouvoir, en castrant la force qui engendrait les associations de matière, il fige chaque manifestation de matière et les rend vulnérables. En agissant de la sorte, il impose leurs survies puisque les formes, différentes de nature, doivent se partager un territoire qu'il a rendu également fini puisqu'observable.

Avant que le temps n'intervienne, le jeu de mots Cronos-Kronos n'est pas anodin, tout était permis dans l'invisible, dans un monde sans frontières où les atomes étaient libres de circuler et de se rencontrer pour s'associer. N'oublions pas qu'Ouranos est aussi le fils de Gaia, comme Cronos ! Autant dire que c'est la matière qui porte en elle le besoin d'union, mais aussi le besoin d'apparaître ou d'être connu et, simultanément, l'impossibilité d'exister en dehors du temps. Or, le Soleil qui illumine les manifestations de la matière, qui voit tout, qui accompagne le besoin de connaître, n'éclaire le monde que de façon intermittente : ce dernier est tantôt éclairé, tantôt ne l'est pas.

Les poètes nous laissent libres d'interpréter le résultat de la castration originelle qui engendre l'alternance entre le jour et la nuit. Le jour est le moment où les formes s'observent, se défient, s'entretuent s'il le faut, la nuit tout redevient tranquille, elles retrouvent l'obscurité originelle, reviennent sans le demander dans l'invisible, avant que le besoin de connaître ne s'éveille de nouveau. La légende de Prométhée montre bien cette alternance : le jour, l'aigle de Zeus lui ronge le foie, siège de l'immortalité, la nuit le foie retrouve sa substance, il retrouve son immortalité parce qu'il n'est plus soumis à l'ordre de Zeus, ou ce qui est plus important au besoin de connaître. La nuit notre cerveau est au repos et ne cherche plus à savoir quoi que ce soit. Le sommeil véritable n'est plus soumis au temps, au besoin de déchiffrer le monde pour survivre.

Il faudrait s'interroger pour savoir, concrètement, si nous ne vieillissons pas ou moins la nuit que le jour ! Cela pourrait nous encourager à mieux dormir ou le faire plus longuement ! En tout cas, il est permis de dire que nous pouvons vivre plus longtemps en ralentissant notre rythme de vie ! Toutes les méthodes de relaxation nous apprennent à le faire en commençant par le contrôle de la respiration !

Parce que nous étions contraints de veiller et de lutter le jour, pour ne pas disparaître au profit d'autres formes, nous avons surdimensionné la lumière et la connaissance au point de craindre la nuit, de la discréditer, de lui accorder tous les dangers et d'en faire un adversaire redoutable. La peur de la nuit est comparable à celle de la mort et c'est compréhensible puisque la nuit fait redouter l'arrêt de la survie. Or la survie est originaire de la nuit. Il suffirait que nous acceptions de revenir dans la nuit la plus profonde pour ne plus avoir à craindre la mort !

En dépassant les images, les mots des légendes, nous pourrions comprendre qu'elles se souviennent de ce moment merveilleux où vivre et mourir n'avaient aucun sens ! Nous comprendrions que les ombres, ou les morts, ont précédé les hommes et non l'inverse et que, les hommes puissent être contraints de redevenir des ombres, pour ne pas dire de la poussière, ou simplement des atomes.

Prométhée, pour accéder définitivement au royaume des dieux qui pensent doit retrouver une immortalité nouvelle, celle définie par Zeus qui personnalise les idées, ne l'oublions pas, autrement dit l'effort de connaître.

Ce que les poètes, ou aèdes, nous invitent à penser est que pour accéder à la connaissance véritable, à l'excellence divine, il faut en finir avec une forme d'observation qui emprisonne l'homme dans la matière, il faut s'élever dans le monde que représente l'inconnu divin, devenir un pur esprit qui pense. Socrate en affirmant que nos sens nous trompent n'a fait que participer à la construction d'un leurre. La mort l'est devenue de plus en plus en se retrouvant engluée dans les idées religieuses et politiques qui se multiplièrent à partir de la sédentarisation.

Il devient plus facile de comprendre comment nous nous sommes trompés en chemin. Nous avons confondu l'inconnu, le non encore observé, avec un inconnu divin, fruit de l'imagination. Il est évident que le second n'est plus soumis au temps tandis que le premier le subit constamment. Mais l'immortalité des dieux n'est qu'une vue de l'esprit, une décision arbitraire des pouvoirs en place pour qui les idées sont le refuge le plus sûr.

Déjà là, nous voyons poindre le sentiment de l'immortalité ou l'idée qu'après la mort il existe une autre vie comme Homère nous le fait savoir en nous parlant des héros qui combattent devant Troie. En réalité, un tel sentiment doit être nettement plus ancien, même par rapport à l'Égypte, car il s'enracine dans la confusion de deux formes de connaissances : une que nous pourrions qualifier d'objective, l'autre de subjective. La survie étant à l'origine de tous les besoins, à commencer par celui de connaître, les premiers hommes n'ont pu que la vivre sans pouvoir imaginer qu'en étudiant le connu, ils allaient trouver l'inconnu, que le matériel allait les conduire au spirituel, la découverte de la mort à l'idée d'immortalité.

Cela ne s'est pas fait en un instant ! Mais c'est probablement là que nous pouvons distinguer notre espèce de l'ensemble des autres, autrement dit du monde dans lequel nous nous sommes trouvés. En valorisant l'intelligible et en l'imposant, en développant les idées et en leur faisant oublier que l'homme est essentiellement un acteur, en nous faisant croire que notre supériorité était due au développement de notre système nerveux, les premiers responsables sont peut-être ceux qui, avant les autres, ont perçu l'avantage de penser pour gouverner. C'est alors que les idées ont pris la place des objets qu'ils représentaient.

Parce que les hommes voulaient échapper à la mort, comme à d'autres agresseurs naturels ou d'autres forces incompréhensibles, les hommes ont essayé de lui donner une forme pour mieux la contraindre. Or cette forme était le mort lui-même. En s'apercevant qu'ils ne pouvaient pas lui redonner la vie et cherchant à en comprendre le pourquoi, il a fallu progresser loin de la forme et lutter, non plus contre une force identifiée, observable, palpable, le mort, mais contre une idée. Comment oublier que le terme de croquemort est resté longtemps lié à l'idée que l'on croquait l'orteil d'un mort pour s'assurer qu'il l'était ? Les premiers ensevelissements se rapportent aux morts proprement dits, les suivants seront de plus en plus liés à l'être que représente le mort, à un autre individu, de plus en plus éloigné de son histoire. Les rites funèbres ne sont-ils pas nés pour dépasser le réel, le mort et son passé, pour aider les vivants à penser aux morts autrement que sous la forme du cadavre ?

Reconnaissons que cet éloignement est resté insuffisant, presque inexistant parfois, puisque nous continuons à raconter sa vie avant de l'ensevelir ou de l'accompagner au commencement de son dernier voyage !
Sans attendre, disons que l'être que nous accompagnons n'est plus l'être véritable, mais son moi fabriqué tout au long de son existence. Nous savons intellectuellement ce que son corps va devenir, mais nous continuons à croire que la mort n'est pas cela, surtout si nous sommes acquis à l'idée qu'il possédait une âme ! D'une certaine façon, nous sommes tous des héros au moment de la mort ! Nous pénétrons dans la mémoire collective avec plus ou moins de succès, et il suffit de rappeler comment nous honorons ceux qui ont laissé leur empreinte sur le temps. Le mort est toujours un héros pour celui qui a eu le privilège de l'aimer !

Nous vivons en fait deux enterrements : un civil, ordonné, indispensable dans une société qui compte ses membres et les administre, un religieux, pas toujours, qui rappelle que l'homme n'est pas seulement un cadavre qui va se décomposer et qu'une partie de lui échappe à la mort, ce qui est matériellement impensable, mais qui pourrait trouver sa logique dans un retour inévitable à l'origine. Je vais plus loin dans l'idée d'un éternel retour, il s'agit ici du retour de la forme à son état originel, celui d'atomes non encore associés. Ce retour n'est peut-être pas aussi inacceptable qu'il en a l'air ! Des animaux savent qu'ils vont mourir et s'isolent pour vivre leur mort. L'homme peut avoir le sentiment que l'heure est venue de revenir à ses origines, non parce qu'il le pense, mais parce qu'il en a une sensation qui ne peut provenir que de la matière, heureuse de retrouver sa liberté.

Une telle affirmation ne signifie pas que le mort puisse renaître comme Phénix. Mais, Phénix est unique en son genre et ne peut se reproduire. L'espèce humaine est également unique en son genre et sa reproduction ne vaut que pour une forme qui peut se démultiplier à l'infini sans modifier l'espèce. Au moment de la mort, lorsqu'il la sent venir, le Phénix se fait un nid d'herbes aromatiques et lui donne le feu. Ce serait de ce feu qu'il renaîtrait. La mort d'une reproduction de la forme n'est pas celle de l'espèce, il faut donc ne pas confondre. Toutefois, les reproductions de l'espèce sont aussi des associations d'atomes qui se souviennent de leur origine.

Rien n'interdit de penser que nos atomes se souviennent, perçoivent le moment de la mort et aspirent à revenir dans le monde informel où ils pourront danser en toute liberté.

Gouverner la mort, c'était la faire reculer, ce que s'efforce de faire la médecine depuis les temps les plus anciens, depuis le temps où les hommes étaient chasseurs et cueilleurs, c'était aussi envisager un voyage dans l'invisible, un voyage qui ne pouvait être entrepris que par une partie du mort, elle-même invisible. En plaçant à côté du mort des objets usuels de la nourriture, des armes, nos ancêtres ne faisaient qu'imaginer un autre monde, semblable au leur, dans lequel la survie se poursuivait. Il n'était pas question d'immortalité, mais d'une survie ailleurs, dans l'invisible ! N'étant pas attachés à la durée de leur existence, tant qu'ils étaient dominés par l'instant, ils ne pouvaient pas imaginer une nouvelle vie autrement que la première.

C'est en s'isolant du monde, en s'identifiant comme une espèce particulière, différente des autres, grâce à l'observation et à leur effort pour survivre, que les hommes se sont perçus environnés de puissances naturelles. Ces puissances sont devenues des divinités à partir du moment où l'art de penser s'est engagé dans l'imaginaire, à partir du moment où les idées ont pris le pas sur les actes quotidiens ou les expériences découlant d'un besoin d'adaptation.

C'est à ce moment que les hommes ont commencé à concevoir l'immortalité puisque les idées pouvaient se passer d'une quelconque manifestation. Le concept de renaissance n'a pu également exister qu'à partir du moment où les hommes se sont détachés du sensible, de l'observable. Il suffit de lire les aventures du soldat Er, racontées par Platon, pour comprendre qu'un travail d'imagination était indispensable pour lui donner naissance.

Les légendes qui parlent essentiellement des dieux de seconde génération sont récentes et s'appuient sur l'art de penser avant d'agir. Nous comprenons que Zeus en soit la personnalisation. C'est à cette époque que l'idée de renaissance s'est développée en Grèce, Zeus ne supportant pas que d'autres que lui puissent rendre la vie. Renaître ne pouvait être expliqué que par des idées, ne pouvait pas résulter de forces invisibles.

Ce qui doit être souligné c'est que l'art de penser avant ou de penser intelligemment n'a cessé de nous éloigner de la réalité, autrement dit du cadavre que notre sensibilité mondaine refuse de prendre en compte. Nous l'habillons, mieux que dans la vie courante, tout en sachant qu'une fois enseveli, il sera décomposé en redevenant de la matière, celle que nous refusons de voir. Toutes les méthodes d'embaumement ne font que cacher un fait observable, sa décomposition, d'autant mieux observée qu'elle est étudiée scientifiquement pour servir d'informations à la police.

Il est inutile de rentrer dans les détails de l'embaumement pour comprendre que les hommes, pour des raisons diverses, se sont efforcés de conserver le mort dans une apparence habituelle. Cela ne les empêchait pas de savoir qu'il était bien mort et qu'il ne renaîtrait pas vraiment après avoir été vidé de ses viscères. En retardant la décomposition de la matière, ce traitement avait pour but de préparer le mort à vivre dans sa demeure éternelle, Les Chinois comme les Égyptiens se sont efforcés de conserver des défunts, mais il faut bien reconnaître que ce traitement n'était offert qu'à des personnages importants. Autant dire que devant cette nouvelle survie les hommes n'étaient pas égaux. Il y avait les monarques, les héros, et les autres. Politiques et religieux étaient alors associés pour pérenniser l'autorité qui les distinguait des mortels ordinaires.

Nous pouvons concevoir les différentes adaptations des pouvoirs en place comme des réactions de défense, comme le désir de rester aux commandes. Or il n'y a que deux domaines sur lesquels ils pouvaient intervenir : celui du mort lui-même, de la matière, et celui des idées que l'on pouvait se faire de lui. Nous retrouvons la dualité corps esprit à travers les deux pouvoirs : politique et religieux. Ce qui est moins visible c'est l'éloignement progressif des deux pouvoirs vis-à-vis d'une origine indiscutable et cependant de plus en plus refoulée.

En imaginant un royaume des ombres, des vivants dépourvus de sang dans la mythologie grecque, nos ancêtres, en voulant distinguer deux comportements différents sans pouvoir les opposer, ont reconstruit à l'identique un monde administré, ordonné, avec un pouvoir de nature monarchique, des juges, enfin tout ce qu'il fallait pour mener une seconde vie. Les morts gardaient leur apparence tout en faisant illusion, leur caractère, leur histoire, leurs sentiments et pouvaient dialoguer avec les vivants s'ils pouvaient boire du sang. Il n'était pas alors question d'âme ni de séparation entre l'âme et l'ensemble de l'individu, le sang était la force qui apportait la vie et nous avons là une approche de la différence qui pourrait bien rappeler le temps des vitalistes. Il suffisait de faire boire du sang à une ombre pour qu'elle revive, se souvienne, éprouve le besoin de commander, d'agir.

Les légendes ou les poèmes d'Homère nous font comprendre que les ombres sont avides de sang, éprouvent toujours le besoin de revenir à la lumière du jour. C'est probablement pourquoi le royaume des morts est isolé par un fleuve : le Styx et le retour rendu impossible par un chien monstrueux : Cerbères. Ce qui n'est pas très clair c'est le résultat des jugements rendus par Minos, Rhadamanthe et Éaque, trois enfants de Zeus. On peut imaginer que les condamnés devaient rester en Enfer, plus ou moins longtemps, mais les autres ? Était-il possible de revenir chez les vivants ? Enfin ! En dehors du Styx, le domaine des vivants et celui des morts ne semblaient pas vraiment séparés. Par contre, il était bien dit que des murailles et des portes de bronze isolaient le Tartare de l'Enfer. Si le Tartare était une prison, un peu comme des oubliettes, pour les dieux de première génération, ou pouvait devenir une prison pour les Olympiens punis par le monarque, il était possible de trouver en Enfer des êtres subissant un châtiment comme Tantale ou Sisyphe ! L'ordre de Zeus valait aussi bien pour les mortels que pour leurs ombres, ce qui montre que le monde était encore un tout cohérent, l'ordre ne faisant que le structurer pour mieux le dominer.

Avec ce monde, nous sommes encore à la frontière du visible et de l'invisible. Les hommes ne l'ont pas encore franchie et la mort fait toujours partie d'un art de vivre qui n'est plus une survie originelle puisqu'elle est ordonnée. Il n'y a pas non plus de véritable différence entre le pouvoir religieux et le pouvoir politique. Le religieux semble même vassalisé par le politique[30]. Le plus important est alors la gestion des mortels et les deux pouvoirs sont ici complémentaires. D'ailleurs, que sont-ils dans la réalité : des idées qui se veulent maîtresses de tous les raisonnements. Raisonner, c'est appliquer les ordres d'un tyran qui ne peut abandonner la moindre parcelle de pouvoir à qui que ce soit. Athéna n'est que la fille de Zeus et ne peut que respecter les décisions de son monarque de père.

Les idées ayant plus de capacité à regrouper les mortels, le mort a perdu de son importance parce que le matériel est passé au second plan. Par contre, la mort est devenue un fait de société, comme nous le dirions aujourd'hui. Non seulement il a fallu la gérer sur le plan matériel, mais elle est devenue une force dans

---

[30] Zeus est bien le monarque qui gouverne le royaume des dieux, mais il se comporte surtout comme un tyran qui impose un ordre politique.

les mains du pouvoir, comme la foudre dans celles de Zeus. Le pouvoir, en devenant capable de la donner, nous avons là un tournant capital dans l'histoire des hommes. Il ne s'agissait plus d'une mort étroitement liée au besoin de survivre, mais d'une mort donnée pour non-respect du pouvoir et des idées qu'il chérissait. Les hommes ont probablement pris leur distance vis-à-vis des autres espèces le jour où ils ont compris qu'ils pouvaient imposer la mort. Ce n'est pas la mort qui était la pièce principale du changement, mais le fait de devenir une force au moins égale aux forces de la nature.

La mort était un changement naturel dans un monde éclairé naturellement, elle devient un changement ordonné dans un monde éclairé artificiellement par l'éclairage que produit l'intelligence en définissant l'observable pour commencer. L'intelligence des hommes, seulement supérieure à celle des autres espèces, est alors la conséquence immédiate de notre origine que nous pourrions considérer comme un jeu d'amour et de hasard. Les atomes s'aimaient, ils se sont mariés, ils ont découvert qu'ils devaient survivre et se sont mis à explorer le monde par nécessité. La survie de leur association devint alors l'origine d'une fuite en avant, d'un effort sans cesse plus intense pour comprendre, pour s'instruire, pour résister, autrement dit pour commander. C'est dans cette atmosphère de lutte, de réussites et d'échecs, que les premiers hommes ont découvert la mort avant d'en faire un objet particulier, insaisissable, frustrant, incontournable.

Ils ont tenté de combattre, mais contre quoi, contre qui ? L'absence de véritable obstacle, de véritable adversaire les a contraints à imaginer la mort et ce qu'elle pouvait cacher. L'au-delà de la mort est devenu un sujet de méditation, une idée se démultipliant à l'infini, un enjeu de pouvoir essentiellement dans le cadre des croyances. La possibilité d'imaginer toutes sortes de situations, aussi bien favorables que défavorables pour le mort a conduit les vivants à redouter le pire et à chercher des solutions pour l'éviter. Le seul fait d'envisager un jugement en Enfer ne pouvait que donner du pouvoir à ceux qui prétendaient offrir un art de vivre permettant d'éviter toute condamnation dans l'au-delà. La peur de châtiments insupportables et durables ne pouvait être que le résultat d'une croyance puisqu'il ne pouvait exister la moindre preuve, la moindre information objective.

C'est certainement sur le registre de la peur que les religions ont acquis du pouvoir. Elles ont su dépeindre l'après-mort en abandonnant totalement la mort elle-même. Le mort est ainsi resté un objet d'observation, mais en devenant un objet de pouvoir pour ceux qui voulaient commander les esprits. Toutes les images ou les idées qui se rapportent à l'au-delà de la mort devinrent des invitations à vivre d'une certaine façon, selon certains principes, en respectant certaines conventions[31].

Il y avait donc, d'un côté, le pouvoir politique qui pouvait donner la mort pour non-respect de ses ordonnances, de l'autre le pouvoir religieux qui invitait à respecter ses idéaux sous peine d'être jugé et condamné après la mort. Le politique n'avait que faire de l'au-delà. Sa force résidait dans la crainte de la mort elle-même, peut-être aussi dans la façon de la donner. Le religieux ne pouvait avoir qu'un pouvoir différé. Il est aussi permis de distinguer les promesses de chaque partie ! Le politique se contentait de brandir des ordres, des lois, des sanctions en rapport avec des faits observables. Le religieux ne pouvait que rester dans le domaine du subjectif, de l'affectif, de l'imaginaire et produire un ensemble de fables pour placer les croyants dans une sorte de cocon à la fois rassurant et troublant.

Alors que le pouvoir politique appartenait à des hommes qui pouvaient se doter d'une sorte de police assurant un contrôle réel, le pouvoir religieux ne pouvait appartenir qu'à des êtres invisibles, surnaturels, d'autant plus inquiétants qu'ils étaient censés tout voir, comme le Soleil dans la mythologie grecque.

Dans les deux cas, la mort est devenue une idée utile aux deux pouvoirs, une idée permettant de contrôler les hommes à la fois sur le plan matériel et sur le plan spirituel.

---

[31] Le plus bel exemple parmi les produits de notre imagination est certainement *La divine comédie* de Dante.
DANTE *La Divine Comédie*. 3 Tomes : L'Enfer, Le Purgatoire, Le Paradis, Traduction, Introduction et Notes d'Alexandre Masseron. Paris, Albin Michel, 1947, 1948, 1949.

La conséquence fut bien entendu une perte de liberté, d'autonomie dans la façon de survivre. L'homme s'est trouvé simultanément dépendant, sur le plan corporel et sur le plan spirituel. Les idées ayant pris le pouvoir sur les informations sensibles, les hommes ont fini par s'adapter à un monde intelligible et non un monde réel, un monde entièrement construit par les détenteurs du pouvoir.

Comment ne pas comprendre que la mort, elle aussi, a subi cette métamorphose. Elle n'a plus aucun rapport avec le mort qui est désormais remplacé par une suite d'idées ou de conventions. Sur le plan médical, le mort est l'être qui ne respire plus, ne peut plus alimenter son cerveau en oxygène, dont le cœur est définitivement arrêté. Sur le plan intellectuel, il est celui qui ne pense plus, qui ne communique plus, nous pourrions dire aussi qui n'est plus conscient d'exister ! Sur le plan spirituel, il serait celui qui commence un long voyage vers un autre monde ou qui passe brutalement dans cet autre univers.

C'est peut-être sur ce plan que nous pourrions dire mille et une choses puisqu'elles seraient le fruit de notre imagination.

Autrement dit, depuis que l'homme cherche à comprendre la mort, il n'a fait que s'en faire une série d'images, en avoir des idées et, ce faisant, il n'a fait que se martyriser en oubliant qu'elle était ce qu'il y avait de plus naturel dans la survie qui reste, quoiqu'on en dise, la seule opération concrète et observable. Observer la mort est devenu la cause de toutes nos tracasseries, de toutes nos angoisses existentielles. Mais qu'observe-t-on ? Le mort et non la mort !

Ne faudrait-il pas dire que l'homme meurt parce qu'il veut savoir pourquoi il meurt ?

NE PLUS PENSER

Est-ce possible ?

Ne faut-il pas distinguer les productions du cerveau et celles du corps ? Ne faudrait-il pas commencer par définir ce qu'est la pensée ? En nous demandant s'il est possible de vivre sans penser, ne sommes-nous pas tout simplement hérétiques ? J'entends par hérétique ce qui n'est pas couramment admis, ce qui va à contre-courant de l'opinion publique, mais surtout des dogmes politiques ou religieux. Nous sommes tellement acquis à l'idée que l'homme est un penseur, ce qui le distinguerait de l'animal ou de toute manifestation de la vie, que nous éprouvons comme une sorte de reniement à imaginer la possibilité de ne plus penser. Que renions-nous en vérité, si ce n'est l'acceptation que l'homme se distingue des autres espèces, dites vivantes, par cet art qui ne devient véritablement humain qu'avec le langage et l'écriture ? L'acte ne serait pas humain, tout juste bestial ! Et pourtant, nos grands psychologues ne s'efforcent-ils pas de mettre l'acte à l'origine de la pensée [32] ? Ne se trompent-ils pas en établissant un tel glissement, une telle fructification ? L'acte ne serait-il pas une autre forme de pensée, les expressions du corps ne seraient-elles pas le fondement d'une pensée confondue avec le langage et, donc, bien antérieure à l'art de penser que nous croyons maîtriser aujourd'hui ?

Si les mots sont les fruits empoisonnés d'un besoin naturel de domination, il reste que l'homme n'est pas obligé de les

---

[32] WALLON H. *De l'acte à la pensée. Essai de psychologie comparée*. Paris, Flammarion, 1942.

manger ! Cela peut sembler très simple et, cependant, nous passons notre temps à les dévorer, à nous en gaver, à nous les servir de mille manières et, bien entendu, à oublier qu'ils ne sont que des mots. Le mot possède une force trompeuse qui nous berce d'illusions, mais nous ne savons plus que nous vivons dans l'illusion. Nous passons notre temps à entretenir cette méprise et nous ne survivons qu'à travers des idéaux consacrés par le temps et par notre incapacité à tout contrôler. Le temps nous entraîne vers des objectifs programmés qui n'ont de raison d'être que pour ceux qui les utilisent afin de conserver du pouvoir. Parce que nous sommes pressés, nous nous servons de mots sans lesquels notre vie semblerait bien vide. Notre pensée n'est souvent que de la réactivité, un besoin de participer pour ne pas rester isolé. Il devient facile de comprendre que penser dans le tumulte de la quotidienneté n'est pas méditer profondément comme le font les scientifiques dans leurs laboratoires ou les philosophes dans leur bulle. Être attentif n'est pas réagir ! Il nous arrive de compter le nombre de mots dont dispose un individu pour vivre au sein d'un groupe, mais sa pensée serait-elle meilleure s'il disposait de tous les mots d'un dictionnaire ? Il en va de même de l'art. Connaître tous les peintres du monde permet-il de dépasser un discours sur le beau ? La même chose en musique ? Lorsque je veux m'approcher d'un musicien, de son œuvre, ressentir ce qu'elle fait résonner en moi, je n'ai pas besoin d'un discours autour de l'œuvre ou du musicien, j'ouvre simplement mes oreilles et les laissent m'instruire, sans idées préconçues, sans évaluations étrangères.

Comment saurais-je qui je suis si je demande toujours à autrui de répondre à ma place ?

Il n'est pas nécessaire de faire la révolution pour échapper à des idées reçues, des justifications rationnelles ou bien des conventions mystiques, il suffit de ne plus penser !

Mais attention ! Depuis que l'homme a commencé à chercher le sens de sa vie, s'est efforcé de comprendre qui il était, ce que représentait le monde, il s'est mis à penser à l'aide d'images qui n'étaient que des interprétations. Or, pour vivre ensemble, il a bien fallu se mettre d'accord sur ces images et ce sont les plus avides de pouvoir qui ont imposé leurs définitions, leurs identifications, et les ont enfermées dans des mots.

Pour valoriser ses idées, Socrate n'a pas hésité à affirmer que nos sens nous trompaient !

Si nous ne vivons plus qu'à partir des mots, s'ils ont acquis la capacité d'être utiles, ils sont aussi un voile que nous plaçons au-dessus du réel la plupart du temps, en croyant qu'ils sont encore étroitement liés à la survie. Or il n'en est rien ! Si nous survivons, c'est par rapport à un monde entièrement transformé, dans lequel nos actes ne sont que relatifs, dépendants des idéaux qui ont servi à le dénaturer. Rien n'est spontané dans notre existence et c'est ce que nous ne savons plus depuis que nous avons laissé certains d'entre nous prendre le pouvoir et que nous avons préféré nous vassaliser.

Si le besoin de prendre le pouvoir est un besoin originel, naturel, il est également vrai que chaque association de matière a sa propre nature et n'aspire pas à commander avec la même intensité. Lorsque Platon, par exemple, imagine une république dirigée par des philosophes, il est un être qui aspire au pouvoir et ne peut le concevoir qu'à partir de ce qu'il est : un philosophe. Si les monarques de tous les temps ont dominé le monde, du moins une certaine quantité, c'est bien à partir de ce qu'ils étaient et l'histoire ne retient de leur vie que ce qui les a maintenus au pouvoir ou les a conduits à le perdre.

Or, ce que nous conservons de leur domination, imposée ou consentie, c'est l'ordre qu'ils ont imaginé pour régner. Cet ordre fut originellement des actes avant de devenir de plus en plus des idées, or les idées sont des alliages de mots. Si les mots sont des représentations du réel, ils sont aussi des interprétations, dépendent d'une approche individuelle de l'observable et peuvent revêtir, de ce fait, des sens différents. Il a donc fallu qu'un sens soit choisi, ou imposé, que ce soit sur le plan politique ou sur le plan religieux. Comment expliquer que les hommes ou les femmes voulant vivre en commun un idéal de perfection chrétienne le fassent au sein d'un « ordre » ? Le mot n'est-il pas trompeur ? Qu'est-ce qu'un ordre ? Le plus souvent, il est un acte par lequel une autorité manifeste sa volonté à l'égard d'un individu ou d'un groupe. Il est institué et dépend d'une convention. On peut aussi dire qu'il est une disposition qui satisfait l'esprit ! La notion d'autorité est alors estompée, mais se perçoit nettement dans la nature de l'esprit !

L'esprit ne peut engendrer que des conventions et depuis qu'il est aux commandes, nous ne cessons de changer ses usages pour satisfaire ceux qui prétendent s'en servir mieux que les autres.

L'homme qui pense ne cherche plus à vérifier, à chaque mot, que ce dernier est bien celui qu'il aurait choisi pour remplacer l'objet auquel il se rapporte. Nous n'imaginons pas à quel point l'usage d'un mot, ou d'un ensemble de mots, nous rend dépendants d'un sens que nous n'avons pas choisi, qui n'est que relatif et peut nous entraîner vers des buts qui n'étaient pas vraiment les nôtres. Il est vrai que le mot nous fait gagner du temps, beaucoup de temps, mais pourquoi faire ?

Je crois que le meilleur exemple est donné par les objecteurs de conscience !

Lorsque l'individu ne compte plus, qu'il n'est qu'un pion sur un échiquier, à quoi sert de penser si ce n'est à accepter une soumission, quelle qu'en soit la nature, à se révolter au risque d'être mis en marge du groupe, exilé comme autrefois ou bien condamné à mort. L'histoire est remplie de cette opposition sur le plan politique ou religieux. La mort a souvent été donnée, dans les deux pouvoirs, pour imposer une façon d'être ou de penser ! Il suffit de consulter l'histoire politique ou religieuse pour le voir !

Il est regrettable que nous ne puissions pas vivre comme les dieux anciens qui, étant immortels, ne connaissaient qu'un enfermement dans le Tartare en ce qui concerne les dieux grecs ! Ils n'étaient pas passés par les armes ou ne vivaient pas toutes sortes d'atrocités ! Comment ne pas parler de la folie, de la sorcellerie, et de la magie qui ne sont que des formes de controverse, des mots opposés à d'autres, des choix d'analyse qui ont pu conduire au bûcher ou d'autres châtiments ?

Que représente une norme, la normalité, si ce n'est un choix qui ne satisfait que ceux qui l'imposent ?

Quand les mots assurent le pouvoir, on comprend qu'ils puissent conduire à la mort, à l'esclavage ou encore à l'excommunication !

Or, les mots sont le résultat indirect d'une approche sensible du monde. Originellement, l'homme a utilisé son corps, l'ensemble de ses sens, ne serait-ce que pour survivre. Il a appris à le connaître sans véritablement chercher à l'identifier, en agissant et en découvrant l'utile et le nuisible. C'est en approfondissant, jour après jour, ses impressions qu'il a commencé à mémoriser des faits qui se reproduisaient et pour lesquels la relation de cause à effet, bien qu'inconsciente, était observable. Il n'avait pas besoin de mots pour les sélectionner.

C'est le fait de partager sa survie avec d'autres qui fut à l'origine d'un effort de représentation, de sons ou d'images et plus tard de mots. Tant que les mots sont restés liés aux objets qu'ils représentaient, ils furent utiles et permirent la vie en collectivité. Mais dès que la survie ne fut plus qu'un souvenir, que la vie devint une organisation politique et religieuse, ils perdirent leur dimension de représentation au profit du sens que chaque détenteur de pouvoir pouvait leur donner.

J'aimerais faire ici une digression.

Le sport est probablement, aujourd'hui encore, une école de savoir-être qui ne laisse pas aux mots un pouvoir exorbitant. L'individu qui pratique ne peut pas le faire avec seulement son intelligence, en donnant des ordres à son corps. Il comprend vite que ce dernier n'est pas une machine et qu'il a sa façon d'apprécier l'acte, de le vivre, de le penser avec ses propres moyens. Oui, le corps pense aussi et même beaucoup. Avant de devenir performant, l'individu doit apprendre à se connaître, autrement dit à oublier les idées qui avaient pris la place des sensations. Il doit reconstruire le réel, autrement dit revenir à l'origine de l'expérience. Il n'expérimente pas comme un savant avec des idées préconçues, il retrouve l'expérience naturelle, immédiate, imposée par le rapport entre l'individu et le milieu, autrement dit l'équivalent de la survie, mais avec beaucoup moins de dangers si ce n'est quelques traumatismes. Le sport est une école de savoir-être où le corps en tant qu'entité est l'enseignant, les différentes parties de l'individu des élèves. À tout moment, le sportif doit naviguer entre la partie et le tout, entre un muscle ou une articulation et ce qu'il est globalement.

Les objectifs sont simples : courir de plus en plus vite, sauter de plus en plus haut, lancer de plus en plus loin, mais aussi faire des sauts périlleux ou tourner autour d'une barre fixe et tant d'autres façons d'agir, en oubliant que l'on est une machine. Le corps n'est une catapulte qui lancerait le poids, le disque ou le marteau ! Dans tous les actes, il est à l'origine d'une analyse de plus en plus fine d'informations sensibles et de réponse motrices qui doivent prendre leur ancrage dans une intelligence corporelle. L'individu doit connaître ses muscles, ses articulations, ses positions dans l'espace, ses émotions lorsqu'elles interviennent et rendent l'acte mal ajusté. C'est l'acte qui lui apprend à se connaître, à se perfectionner, à s'approcher de l'excellence. Or l'acte n'est pas une réponse, notre esprit n'a pu en dessiner que des plans théoriques, et si l'architecte n'a pas été sportif lui-même, ils sont rarement utiles ou efficaces.

Tant que le jeune gymnaste n'aura pas trouvé des sensations, juste, efficaces par rapport à lui-même, il ne pourra pas tourner autour de la barre fixe. Il peut avoir une idée, une image donnée par les champions, un raisonnement correct forgé avec son entraîneur, le faire avec une longe pour éviter l'accident ou se donner confiance, il ne réalisera pas ce que sa volonté voudrait lui imposer. Disons que sa volonté ne peut que lui suggérer des actions, mais elles ne sont encore que des mots. Son corps ne peut pas changer le mot en acte sans l'avoir exploré à sa façon. C'est là que la psychologie devrait nous être utile lorsqu'elle place l'acte à l'origine de la pensée. Le malheur, dans l'aventure, est que nous avons considéré que la pensée devait être souveraine !

L'entraîneur est un individu qui fait vivre des expériences à son athlète en cherchant à l'aider à reconstruire ce qu'il a oublié d'être de génération en génération. Lorsque les médecins ont voulu s'occuper de gymnastique et même de sport, il y a plus d'un siècle, ils se sont surtout méfiés des excès, des dangers, en oubliant que l'homme normal était un athlète et que les individus auxquels ils pensaient étaient des malades, ou des individus, en plein développement. Notre monde mécanisé et automatisé est devenu un monde de malades et c'est pourquoi on monte des spectacles revitalisants en exploitant commercialement des athlètes ! Regarder un homme sauter six mètres à la perche ne fera pas perdre des kilos à un spectateur en surpoids, tout simplement obèse et qui a du mal à marcher ! Assister à des championnats de natation n'apprend pas à nager pas plus qu'aller à l'opéra ne permet d'apprendre à chanter.

Pour que notre corps examine ses sensations, leur trouve des réponses de mieux en mieux adaptées, sans que l'intelligence conceptuelle ne s'en mêle, il doit être rééduqué en quelque sorte. Il n'est pas programmé pour vivre des exploits, il découvre ses capacités et les met au service de son besoin originel de pouvoir. L'individu redécouvre le plaisir de donner des ordres à son corps à partir du moment où ce dernier peut les traduire en acte. L'athlète véritable est l'homme qui a retrouvé la plus grande cohésion dans ses multiples associations de matière et peut s'en servir pour dominer le monde tel qu'il le perçoit. Il n'est plus l'esclave des mots, il remet à leur place les informations sensibles qu'il a retrouvées en vivant naturellement le rapport au monde qu'il avait oublié.

Il ne faudrait pas croire que le corps est une simple machine et qu'il suffit de le perfectionner comme un moteur de voiture, il est un complexe sensori-moteur qui trouve dans ses origines matérielles le besoin de comprendre le monde et la place qu'il y occupe, la capacité de ressentir l'espace et le temps à sa façon, le besoin de vaincre pour survivre qui est à la base de tous ses actes. Le corps perçoit et analyse, s'adapte en programmant des réponses aux questions qu'il se pose à partir des informations qu'il reçoit. Parce qu'il n'est pas une machine, il connaît naturellement le principe de plaisir et le principe de réalité depuis qu'il tente de survivre. L'école et la science n'ont fait que vulgariser le processus.

Je crois que nous trouvons un exemple lumineux dans le mime. Pour mimer correctement un geste, il faut l'avoir vécu intensément, pour en donner une illusion parfaite il faut l'avoir réalisé préalablement et avoir maîtrisé tous les problèmes qu'il rencontre. On n'apprend pas à mimer, on reproduit ce que l'on sait faire !

J'aurai pu parler de la danse de théâtre, mais pour dire que l'acte du danseur est devenu un acte conventionnel qui s'inscrit dans un vocabulaire, une grammaire particulière, construit des discours en se servant du corps, un corps, faut-il le souligner, qui est dressé, plus qu'éduqué, souvent déformé comme la petite histoire des danseuses le montre abondamment. Ici, l'individu n'est plus qu'une machine transformée pour plaire à ceux qui ont adopté non pas les lois de la gravitation, mais l'illusion de ne plus en dépendre. L'expression est convenue comme elle peut l'être dans la peinture des icônes. Certes, danseurs et danseuses peuvent être qualifiés d'athlètes sur le plan purement musculaire, mais ils restent prisonniers d'un ensemble d'attentes esthétiques formelles. En dirigeant un cours intitulé musique et mouvement, j'ai pu constater combien des danseurs professionnels moyens étaient enfermés dans des stéréotypes de pas, d'attitudes, de gestes !

Grâce à sa gestuelle, le danseur transporte les spectateurs en leur donnant l'illusion de dominer l'espace. Il leur communique des sentiments ou exacerbe des impressions comme un écrivain ou un poète sait le faire avec des mots. Nous sommes alors très loin des danseurs modernes qui savent utiliser le mouvement régénérateur tel qu'Itsuo Tsuda pouvait nous le faire trouver dans son dojo. Ce mouvement, personnel, jamais le même, ne demande qu'à être perçu et amplifié par le corps qui devient une table d'harmonie au service d'une mélodie gestuelle, régénératrice de surcroît.

Pour retrouver l'homme en soi, l'homme qui n'est pas encore dénaturé, nous pouvons évoquer des techniques de relaxation. Utilisées très souvent pour combattre nos angoisses, nous avons celle d'Ed. Jacobson[33] qui fut le premier à parler de stress en 1936, ou celle de J. H. Schultz[34] dont on apprend tardivement qu'il s'est inspiré du yoga. Disons que l'Occident a du mal à

---

[33] JACOBSON Ed. *Biologie des émotions, les bases théoriques de la relaxation*. Paris, ESF, 1974.
JACOBSON Ed. *Savoir relaxer pour combattre le stress*. Montréal, Les Editions de l'Homme, 1980.
[34] SCHULTZ J.H. *Le training autogène, méthode de relaxation par autodécentration concentrative*. Paris, PUF, 1974 (7ᵉ édition)

s'ouvrir à des techniques venus d'Extrême-Orient qu'il ne comprend pas toujours et qu'il observe mal en négligeant des détails importants. Nous pourrions parler du missionnaire J.M. Amiot qui, à la fin du XVIIIe siècle, a observé la gymnastique des prêtres taoïstes en oubliant de noter leur façon de respirer.

Le training autogène de Schultz est une façon de réinvestir son corps en mettant la raison au repos et en explorant, pas à pas ses multiples parcelles. Nous pouvons regretter que cet investissement soit encore dominé par des sensations téléguidées par notre intelligence ou notre mémoire. Les sensations de pesanteur ou de chaleur, par exemple, ne trouvent pas leur origine dans la masse osseuse, musculaire ou sanguine, mais dans l'idée que l'individu peut s'en faire. Il faut alors, pour se délivrer des idées ou des mots, trouver dans la masse musculaire, par exemple, une sensation de pesanteur due à un relâchement de plus en plus grand. C'est le relâchement qui induit la pesanteur et non l'idée que l'on peut s'en faire en répétant : je suis lourd, lourd, lourd ! La relaxation n'est pas la méthode Coué [35] ! On ne cherche pas la chaleur dans ses muscles en décidant qu'ils deviennent de plus en plus chauds, ils sont simplement mieux irrigués lorsque l'on porte son attention sur eux. Il en va de même de la respiration ou de la circulation du sang, des battements cardiaques.

Nous avons tendance à voir dans le hatha-yoga une gymnastique demandant une grande souplesse. Or la partie importante d'une séance ne se trouve pas dans les déplacements du corps, mais dans la tenue des postures et les informations qu'elles apportent lorsque le corps est immobile un certain temps.

Dans le training, lorsque l'on perçoit, par exemple, le rythme cardiaque qui se diffuse dans tout le corps, il ne s'agit pas d'une idée, mais d'une sensation qui retrouve ce que nous enseignent les sciences.

---

[35] COUÉ E. *La maîtrise de soi-même par l'autosuggestion consciente.* Paris, OLIVEN, 1920.

Bien avant le milieu du XXe siècle, le docteur Vittoz[36] a lui aussi combattu les défaillances du cerveau et proposé une méthode que le docteur Chauchard enseignait toujours à la fin du siècle. Être présent à soi-même est ce que nous retrouvons aujourd'hui sous le nom de méditation de pleine conscience. Cela n'est pas si facile à réaliser et peut, par contre, nous réapprendre à vivre l'instant. Hélas nous préférons jouer avec notre portable, notre tablette, parfois deux ou trois en simultané ! Souvent, nous disons qu'il faut être ici et maintenant, ni avant ni après, ici et nulle part ailleurs. Ces mots restent souvent des mots et ne se traduisent pas en actes. La marche est un automatisme, et si nous décidons de marcher, ce qui est à la mode, nous en profitons pour écouter de la musique, téléphoner, régler nombre de problèmes anciens ou futurs. Qui se concentre ne serait-ce que sur la pose du pied, le déroulement de la voûte plantaire, l'équilibre général du corps, le balancement des bras, le port de la tête et de tant d'autres éléments inconscients ? Pratiquement personne ! Cette thérapie mériterait d'être considérée comme une gymnastique hygiénique et apprise aux enfants[37]. Mâcher un aliment jusqu'à ce qu'il n'ait plus de parfum dans la bouche faciliterait notre digestion et soignerait certainement notre obésité !

Mais nous sommes pressés de mourir et faisons tout pour accélérer la fin d'une cohésion naturelle au sein de la matière dont nous ne connaissons la manifestation que de façon épisodique et lorsque tout va mal !

Lorsque les commerçants de la méditation de pleine conscience, comme il y eut ceux de la méditation transcendantale, associent ces deux termes, ils jouent sur les mots et n'encouragent vraiment pas à ne plus penser. Lorsque l'homme est pleinement conscient, il est un peu comme le penseur de Rodin, il rumine intellectuellement et demande à son corps de ne plus intervenir pour troubler ses neurones. Descartes,

---

[36] VITTOZ Dr E. *Traitement des psychonévroses par la rééducation du contrôle cérébral*. Paris, BAILLIERE, 1981.
[37] C'est ce que nous retrouvons aujourd'hui dans l'enseignement de la méditation de pleine conscience !

Balzac et bien d'autres avaient leur façon propre de ruminer, l'essentiel étant de se concentrer sur un point que notre cerveau a déterminé à l'avance. Méditer de cette façon, c'est affiner l'art de penser avant, dont on attribue l'origine à Prométhée, certainement aux hommes qui ont compris l'intérêt de le faire lorsqu'ils recherchaient le pouvoir.

Les techniques de relaxation peuvent être considérées comme un retour à l'observation naturelle, à l'art de penser après ! Si nos ancêtres ont valorisé la première, disons que nous en sommes devenus les esclaves et qu'un grand nombre de nos difficultés existentielles en découlent. En se concentrant davantage, on ne règle pas le fond de nos problèmes existentiels. On devient performant avant de ressembler à une éponge que l'on jette parce qu'elle n'éponge plus tout ce que nous voudrions lui faire absorber !

Certes l'absence de turbulence dans notre esprit nous calme et nous donne l'impression de retrouver une certaine paix appréciable, mais cela ne permet pas d'échapper aux idées !

Nous oublions que pour penser correctement il faut de l'énergie et que, sans un corps équilibré, sans un corps en harmonie avec la nature, l'homme finit pas en manquer et son cerveau finit par disjoncter. La folie n'est pas due à un manque d'énergie, mais à son usage particulier. Qu'elle ait une origine mystique, comme celle que peut donner Dionysos, ne change rien à sa nature, il s'agit d'un fonctionnement du cerveau qui néglige les normes. Le fou n'est pas dangereux pour les autres, mais pour le pouvoir en place !

Il est vrai que l'homme depuis des milliers d'années s'est enfermé dans des villes, dans des sortes de cages de Faraday qui pour nous protéger nous tuent lentement. Qui peut se vanter de caresser un arbre, de lui parler comme à un ami, de communiquer avec lui ? Lorsque les prêtres de Dodone interprétaient le bruissement du feuillage d'un chêne, n'étaient-ils pas plus près du réel que nous le pensons ?

Peut-on vivre sans penser ? Peut-on vivre sans chercher à résoudre un problème, sans ruminer le passé qui ne reviendra pas ou le futur dont on ne peut jamais être certain ? Peut-on se passer de mots, au moins un instant ?

Que représente l'extase dont il est dit qu'elle est une sortie de la conscience ? L'homme qui n'est plus conscient est-il mort ? Ne serait-il pas conscient autrement, dans un ailleurs psychologique puisqu'il n'a pas bougé ? Ses sens ne sont-ils plus en activité ou bien alors transmettent-ils d'autres informations à l'individu ? Parce que son esprit est capté par une force inconnue, ne fonctionne-t-il plus, n'enregistre-t-il plus ce qu'il perçoit ? Est-il permis de dire qu'il connaît un état cataleptique, parce qu'il ne se meut plus volontairement ? Peut-on raisonnablement distinguer l'extase du ravissement mystique si ce n'est a posteriori ? Comment ne pas confondre extase et syncope ? Si les mots reposent sur des précisions importantes, ne serait-ce que pour les différencier, qui les connaît ordinairement ? Pouvons-nous faire confiance à une liste d'états établie à l'aide de la physiologie ou de la psychologie ?

Toutes ces questions ne proviennent-elles pas du fait que nous ne pouvons pas mettre des mots précis sur ce qui se passe durant une extase ou des états de même nature ? Car, il ne s'agit pas d'un instant seulement, mais d'un temps imprévisible et qui n'a plus la même valeur pour celui qui vit l'extase et ceux qui sont près de lui. Pour celui qui vit cette expérience, le temps n'a plus d'importance, la vie se déroule comme dans une sorte d'instant éternel. Il ne s'agit plus d'une attention volontaire, telle qu'on pourrait la trouver dans un état de pleine conscience ? L'individu n'est plus attentif, il n'est plus volontaire et c'est certainement dans ce mot que l'on trouve la meilleure explication à son comportement[38].

Ce n'est qu'après, lorsque la force qui captait son attention n'intervient plus, que l'individu peut essayer de mettre des mots à la place de ce qu'il a vécu. Mais, le plus important n'est-il pas de voir que l'homme, en situation d'extase, est un homme immobile certes, mais surtout qui ne pense plus puisqu'il ne communique plus ? C'est là que nous commettons l'erreur de confondre vie privée et vie relationnelle. Sa pensée est ravie par une force inconnue qui peut être un spectacle de la nature, une œuvre d'art ou tout autre objet prenant soudainement le pouvoir

---

[38] Il faudrait lire Th. Ribot qui nous en parle à la fin du XIXe siècle.

sur ses capacités à s'exprimer. Le même objet peut ne pas être systématiquement une source de ravissement. Comme dans l'expérience esthétique, où il faut l'intervention de deux forces pour que l'on parle de chef d'œuvre, là, il semble que les deux forces, en se rencontrant, s'unissent au point de négliger le contexte et de figer la rencontre amoureuse en la dégageant de toute forme de contexte ou d'évaluation.

C'est en parlant d'amour que l'on peut entrevoir la distinction entre l'extase et la sidération qui se traduit par une expression de mort apparente. Il y a bien l'intervention d'un choc émotionnel violent, mais aussi anéantissement soudain des fonctions vitales. Il est difficile alors de dire que l'homme nage dans le bonheur !

Dans l'extase, il ne s'agit pas d'un amour réfléchi, catalogué, mais d'un amour originel, celui que connaissent les éléments de matière qui se manifestent en chacun de nous. Nos associations d'atomes et même leurs reproductions étant différentes, chacun de nous ne peut vivre une extase que dans des conditions particulières. Parce qu'elles ne sont pas pensées, référencées, transformées en mots, elles gardent toute leur force et sont l'équivalent du choc amoureux que les atomes peuvent connaître lorsqu'ils s'associent.

Dans la méditation véritable, l'individu connaît une situation particulière qui lui permet de vivre autrement son rapport au monde. Il ne le pense plus avant de s'avancer vers une réalité dont il ignore la nature. Il ne programme pas un état différent, représenté par quelque sage assis en posture de méditation ou par une image qui s'accompagnerait de promesses alléchantes. Il le découvre plutôt brutalement en s'immobilisant pour la première fois sous la surveillance d'un maître. Faire zazen, c'est s'asseoir ! Mais s'asseoir, comme le font les initiés, n'est pas facile et place souvent l'individu devant de nombreux problèmes articulaires, musculaires, osseux, psychologiques aussi. Le corps a l'impression d'être bousculé dans ses habitudes et la première posture peut ressembler à une épreuve. Elle l'est moins si l'on a pratiqué le hatha-yoga.

Comment ne plus penser volontairement, car nous pensons toujours qu'il faut décider le futur, comment ne pas se laisser séduire par les idées qui circulent librement en nous, sans savoir si elles se situent dans la tête, comment ne pas nous demander à quoi peut bien servir de souffrir tout en s'efforçant de garder la posture, ne serait-ce qu'une position correcte des mains, du menton, de la colonne vertébrale ? Lorsque le lama Guendune nous demande de ne rien chercher en méditant, il nous donne probablement le meilleur conseil qui soit, mais il s'adresse à ceux qui n'ont plus de difficultés à rester assis, à s'oublier au point de ne plus être dérangés par des plaintes corporelles ou des gènes qu'il faut apprendre à dissiper avec douceur.

Dans le zazen, l'individu se comporte comme un explorateur qui n'aurait aucune idée de ce qu'il va trouver. Puisqu'il ne cherche rien, il ne devrait rien trouver si nous raisonnons de façon ordinaire. C'est ce qu'il va trouver qui est intéressant ici.

La première chose est son corps qu'il redécouvre en retrouvant des informations sensibles qu'il avait oubliées. Mieux que dans le training autogène il va explorer son corps, non parce qu'il le veut, mais parce que ce dernier lui parle, l'interpelle, marmonne souvent, l'implore parfois. Le corps habituellement en mouvement s'insurge, veut bouger, et tout en lui se révolte tandis que l'esprit s'efforce de conserver une posture correcte. Nous sommes très loin d'un être unifiés ! Peut-être pourrions-nous dire que nous assistons à la révolte du corps qui, pour une fois, s'insurge contre une décision qui le contraint sans lui dire pourquoi. Serait-il conscient qu'il ressemble à un mort et qu'il brise tous les repères ordinaires ?

Pour ne plus penser, il faut commencer par ne plus bouger ! Cela pourrait surprendre, mais la pensée est née de l'action, du mouvement, nous l'avons rappelé. Le problème est que nous donnons au mot un sens particulier. La pensée ne nous situe pas uniquement dans l'intelligible. Parce que nos cellules pensent pour tenter de survivre, de s'adapter, notre corps a pensé longtemps avant notre esprit. Or, depuis que nous survivons, nous le faisons en agissant et en nous changeant, en changeant le monde aussi. En exigeant l'immobilité, l'absence totale d'action, le pratiquant de zazen demande à son corps de l'aider à ne plus penser ou à penser autrement qu'en raisonnant. Si l'acte induit la pensée rationnelle, l'absence d'acte pourrait bien induire une autre forme de pensée ! C'est ce que l'on découvre dans le satori.

Le dualisme corps esprit disparaît au cours de cette expérience difficile à traduire ou à représenter avec les mots ordinaires. Seules des interprétations a posteriori peuvent s'approcher d'un vécu irrationnel. Comment en effet traduire un monde où le temps et l'espace ne sont plus les mêmes, où la différence entre le moi et le monde n'existe plus, où la lumière est douce, uniforme et sans ombres, où le silence règne, où le plaisir d'être est intense, où l'on vit l'instant sans se soucier du passé ou du futur ? Mais c'est surtout l'art de penser qui est ici remis en question. L'individu ne pense plus pour prévoir, pour analyser la situation, pour la comparer ou l'évaluer à partir de critères précis. Il n'est pas dominé par une force inconnue qui lui interdirait de penser rationnellement, il est délivré de la raison comme s'il sortait de prison et retrouvait la liberté. Le plus surprenant peut-être est cette absence de distinction entre l'individu et le monde. Il est le monde en même temps que lui-même, il est chaque objet qu'il rencontre et se sent vivre à travers lui. Nous pourrions dire que cette expérience est un cadeau du ciel, mais il n'y a plus de ciel, pas davantage de terre, d'homme ou de divinité. Elle survient, n'est surtout pas le fruit d'une recherche, se vit lorsque toute trace de formatage a disparu !

Lorsque nous disons ne plus penser, nous traduisons habituellement par vouloir ne plus penser. Or ce n'est pas ainsi qu'il faut envisager l'opération. Il ne s'agit pas de prendre le contre-pied de nos habitudes dont nous ne sommes même plus conscients. L'homme se croit vivant parce qu'il est volontaire, qu'il décide, qu'il choisit. En réalité, il n'est que l'ombre de ce qu'il était lorsqu'il gérait péniblement sa survie. Il ne choisit pas, il adopte ce que d'autres ont choisi pour lui depuis très longtemps. Raisonner n'est pas un choix personnel de comportement, mais une habitude ancestrale que les légendes nous font connaître en nous parlant d'Athéna et en la faisant sortir du crâne de Zeus qui personnifie les idées. Raisonner consiste à choisir une idée, mais pourquoi faut-il choisir une idée comme s'il n'y avait que des idées autour de nous ? Effectivement, il n'y a plus que des idées qui ont remplacé la réalité observable. Raisonner, c'est d'abord adopter une façon de percevoir le monde particulière, ne plus faire appel à ses sens et s'enfermer dans des appréciations qui ne sont qu'une lecture du monde parmi d'autres. Le satori est l'occasion d'en découvrir une autre !

Or, pour la connaître, il ne faut pas vouloir expérimenter une connaissance du monde différente, il ne faut rien vouloir, il faut, au contraire, apprendre à ne rien demander à d'autres, à ne rien imaginer, à ne rien désirer, à ne rien faire en vue d'un résultat. Il faut redevenir un pense-après au lieu de continuer à se comporter comme un pense-avant. Les aèdes ont certainement connu les deux façons de penser et ont choisi pour nous à un moment où cela paraissait utile à des hommes regroupés et sédentaires. Mais, il faut encore remonter le temps. L'homme qui pensait après avoir agi ou pendant qu'il agissait est encore dépendant de sa façon de penser elle-même liée à son expérience du monde. Il est déjà dans un rapport que nous avons approfondi : moi et le monde. C'est en agissant, en cherchant à changer le monde pour survivre qu'il pense, que son corps pense et commence à identifier ce qu'il n'est pas.

Dans le satori, il n'y a plus cette séparation et nous pouvons comprendre que l'individu n'est dans aucune des deux façons de penser. Cela veut-il dire qu'il ne pense pas ? Ne faudrait-il pas plutôt imaginer qu'il pense autrement ?

Lorsque l'homme se perçoit comme s'il était le monde, il n'est pas un fou qui se prendrait pour Alexandre ou Napoléon. Il perçoit nettement une information avec ses sens et lorsqu'il se déplace dans ce monde, ce monde se déplace avec lui, il est le monde partout où son regard se porte. Le monde est bien celui qu'il connaissait autrement, mais il n'est plus un décor de théâtre dans lequel l'individu se déplacerait. Il est lui-même l'arbre, le ruisseau, la grosse pierre, la mousse verte, il a retrouvé le tout dont il est originaire. Autrement dit, l'individu peut, en échappant à l'art de penser avant et même après, retrouver des informations qui se situent en amont de sa manifestation.

Comment cette expérience peut-elle être vécue par les multiples reproductions de notre espèce, peut-être aussi, pourquoi pas, par d'autres espèces ? Lorsque le spermatozoïde pénètre l'ovule dans un acte d'amour fondamental, ne peut-on pas imaginer que cette rencontre amoureuse reproduit les premières associations qui ont fait naître notre espèce ? Il est probable que l'embryon est très vite informé par la totalité qui l'héberge de ce qu'il va découvrir en émergeant dans le monde, en sortant de la grotte qui le protège. L'art de penser ne serait pas le même durant la grossesse et après la découverte du monde aérien. Ne plus penser permettrait de revenir en amont de ce que nous appelons la naissance qui est une mauvaise définition, car la véritable naissance se fait approximativement neuf mois plus tôt ! L'être humain ne pense pas à partir de sa naissance officielle, qui est une façon de jouer avec le temps, il pense bien avant et nombre d'expériences de dialogue énergétique avec l'embryon le montrent. Il reçoit les mêmes informations que nous, mais traduites par le corps de sa mère qui reste l'intermédiaire unique entre les idées et la réalité. Nous ne pouvons pas évaluer l'influence de la mère par rapport à celle de la société, mais le plus important n'est-il pas de constater que la naissance, telle que nous l'enregistrons, politiquement et religieusement, est un enfermement dans un ensemble d'ordres et cela jusqu'à la mort ? La naissance de l'embryon est un acte d'amour à l'échelle de la matière, celle qui vient neuf mois après, chez l'homme, comme chez d'autres espèces qui rampent, qui courent ou qui volent, est un emprisonnement plus ou moins savant, plus ou moins violent, plus ou moins affectif. La pénétration du spermatozoïde dans l'ovule n'est-elle pas un acte et pourquoi cet acte ne serait-il pas déjà sous contrôle, un contrôle qui nous échappe ?

Il est possible de comprendre pourquoi les hommes ont choisi de penser et n'ont pas cru bon de faire penser les femmes. N'ont-elles pas dû se battre pour montrer qu'elles en étaient capables ! Ce qui fut une erreur ! La femme n'a pas besoin de penser pour manifester la vie, elle la porte en elle et la transmet sans avoir besoin de l'expliquer, de lui donner du sens. La vie n'a pas de sens à l'origine, elle est une force que possède la matière et c'est l'homme qui s'efforce de lui en donner un, dès qu'il peut prendre le pouvoir sur le nouvel être et c'est pourquoi la gestation est mise à part. Tout individu devrait considérer qu'il a un certain âge plus neuf mois ! Or ces mois comptent plus que le reste de la vie et c'est pourquoi ils sont mis en prison, envoyés dans notre Tartare intelligible et psychologique.

Toute l'histoire de l'humanité pourrait se lire à partir de l'effort permanent des hommes pour régner sur tout : les femmes, mais aussi le monde en général, les deux étant dépositaires de la matière.

L'art de penser est une trouvaille des hommes pour dominer la seule force qu'ils ne pouvaient pas contrôler, celle de l'amour originel situé dans la matière.

Ne plus penser, c'est revenir à la matière à cette force qui nous fait naître et assurerait naturellement notre existence si nous ne cherchions pas à lui donner du sens, à la voiler par de multiples interprétations qui ne sont que la face cachée du pouvoir.

Alors lorsqu'on me demande de vivre en pleine conscience, autrement dit de penser intensément, je perçois le joug du pouvoir, qu'il soit politique ou religieux. Dans les deux cas, il s'agit toujours d'un pouvoir exercé par des hommes ou des femmes qui se comportent comme des hommes. Cette autorité conduit lentement, mais inexorablement vers une mort programmée puisque la mort est devenue un enjeu de pouvoir. Penser davantage consiste à accréditer la force qui domine un art de vivre artificiel et qui nous éloigne de l'envie de lui échapper.

En essayant d'analyser la situation et de la traduire en mots, je peux donner l'impression que je suis en contradiction avec moi-même. En réalité, pour ma propre existence je n'ai pas besoin de me justifier, mes expériences me suffisent pour comprendre que le moi n'a plus grande importance dans ma propre vie. Mais j'ai passé une grande partie de mon existence à enseigner, à entraîner, à aimer les autres et j'éprouve le besoin de dire qu'il est possible de sortir de prison. Je reste conscient des difficultés que cela peut poser, mais l'objectif n'est pas de marcher à reculons, de tourner le dos à un monde qui n'est plus que l'ombre de lui-même. Il s'agit de comprendre que toutes nos idées ne sont que des idées, qu'il est possible, à tout moment, de redonner confiance à son corps et de le laisser décider par lui-même et pour lui-même. Vouloir le maîtriser est une erreur, car c'est lui qui nous maîtrise et décidera, sans nous, de l'instant où nous abandonnerons les autres !

Réapprenons à vivre l'instant, à ne plus être des individus qui pensent avant, à nous laisser surprendre par l'inconnu, à ne plus analyser, évaluer, critiquer, corriger, effacer, compter dominer ! S'il vous arrive de percevoir quelque chose de totalement inconnu, n'essayez pas de l'enfermer dans votre désir de comprendre vous pourriez ne jamais le revoir ! Laissez l'inconnu s'approcher de vous et vous tendre la main pour vous guider là où votre intelligence ne vous conduira pas. Ne rejetez pas l'intelligence, mais donnez-vous le temps de vous en passer ! Ne passez pas tout votre temps à construire le futur et donnez-vous des moments où vous découvrirez une lumière qui ne fait pas d'ombres.

UNE ANGOISSE INJUSTIFIÉE

Il faut en finir avec l'impérialisme des idées ou des mots si nous voulons nous délivrer d'une angoisse existentielle permanente, consciente, ce qui est un moindre mal, ou inconsciente, ce qui est certainement pire ! La mort telle qu'elle est définie, traduite par un mot dans notre langage ordinaire n'est aujourd'hui que le résultat d'un enjeu de pouvoir, politique et religieux, mais surtout économique au sens large du terme. Il s'agit bien, en effet de la production, de la distribution, de l'échange ou de la consommation d'un bien ou d'un service ! Tous les pouvoirs qui s'occupent de la mort ne font que de l'économie, sans oublier que les pompes funèbres sont une industrie qui ne peut pas manquer de clientèle.

Si, dans l'Antiquité, un mort pouvait devenir un rempart pour une ville, il n'en est plus de même aujourd'hui. La banalisation de la mort et sa récupération pour dominer les foules lui a donné une autre dimension ou alors c'est la mémoire des héros qui a changé de nature. Le plus important est certainement cette angoisse entretenue qui n'est justifiée que par ceux qui s'en servent pour régner physiquement ou spirituellement.

Que le mort soit honoré par le pouvoir politique ou le pouvoir religieux, il reste essentiellement un personnage qui a marqué son époque ou, plus précisément, les valeurs de son temps. Il est un être dont on connaît et souhaite raconter l'histoire parce qu'il est au-dessus des autres grâce à ses actions ou ses paroles, par sa façon de servir l'autorité du moment. Sa mort reçoit la considération des autres parce qu'il a été un être d'exception. Ce que nous saluons, avec toute la ferveur qu'il mérite, est l'acte plutôt que l'individu, l'engagement réel ou idéologique qui fait écho à des objectifs politiques ou religieux, aussi divers soient-ils. Il est évident que dans le politique il faut englober le social. Faut-il constater qu'au moment de l'éloge funèbre, nombre de détails sont jugés inutiles, le discours ne retenant que ce qui est digne d'éloges ! Les morts exceptionnelles nous marquent quelle que soit sa nature !

Or, la mort n'est pas cela ! Elle n'est pas le bilan d'une existence qui ferait jouer aux vivants un rôle de juge, comme Minos en Enfer. Évaluer le mort n'est pas parler de la mort, de ce que l'être devient après avoir été, mais de la façon dont le mort s'est comporté au regard de normes que les vivants se doivent de pérenniser ! Il est rare que l'on soit conscient de cette dualité lorsque l'on vient honorer le mort juste avant son enterrement. Certains pensent surtout à l'être qu'ils ont aimé, mais sans se demander précisément ce qu'ils ont aimé chez lui. D'autres se souviennent de détails qui le mettent en lumière, lui donnent une grandeur qu'il n'aurait pas sans notre propre interprétation des faits. Le mort est surtout une personne que nous regrettons pour ce qu'elle a su nous donner lorsque nous étions des consommateurs de conseils, d'amour, de sagesse ou de courage. Il nous arrive aussi de sentir que nous lui sommes redevables et que nous ne pourrons jamais lui rendre ce qu'il nous a donné. Peut-être même regretterons-nous de ne pas avoir su lui dire, au bon moment, qu'on l'aimait tout simplement !
Ne faudrait-il pas s'interroger sur cet amour ? Le véritable amour ne serait-il pas essentiellement ressenti et n'échapperait-il pas aux mots ? Quoi qu'il en soit, le mort que nous aimions ne nous fait pas penser à la mort et ne nous permet pas de corriger le sens que nos aînés lui ont donné.
La mort serait ainsi une sorte de bilan spontané, comme une ligne que l'écolier trace sous des chiffres avant de faire une addition ou une soustraction. Celui qui nous quitte serait au-dessus de notre bilan et nos sentiments juste en dessous !

Tout cela est dans notre esprit et provient de notre façon de revivre un échange, plus ou moins long et durant lequel nous n'avons pas pensé qu'il s'agissait d'un commerce équitable. C'est notre pensée qui nous trouble jusqu'à ce que l'oubli efface nos regrets, que la présence du mort s'estompe et qu'on ne l'imagine plus en train de roder près de nous. Or, notre pensée, depuis que l'homme a commencé à combattre cette force inconnue et incontrôlable qu'est la mort, s'est enfermée dans une vision de compétition systématiquement perdue. Tous nos efforts pour prolonger la vie après la mort se rapportent à notre désir d'immortalité et, simultanément, à notre volonté d'être des personnes distinctes et supérieures aux autres espèces. Or, après avoir combattu le monde entier avec notre intelligence, nous continuons à constater notre impuissance devant la mort !

Tous les honneurs, politiques ou religieux, tous les mausolées du monde et de tous les temps, ne font que magnifier l'être qui fut un monarque ou l'équivalent d'un dieu, pour ne pas dire un tyran, et qui bénéficie d'un traitement particulier pour trouver la meilleure place dans l'histoire qui est le cimetière des personnes illustres. Combien d'Égyptiens sont morts pour élever les pyramides, combien d'Indiens ont trimé pour construire le Taj Mahal, que dire du mausolée de Bourguiba en Tunisie ? Quand on observe les différents traitements qui sont accordés aux morts, on est en droit de s'interroger sur la récupération d'un changement d'état naturel que l'homme continue à méconnaître et à subir.

Parce que l'homme s'est engagé dans une course perdue d'avance, comment ne s'angoisserait-il pas en attendant un résultat également connu d'avance ?

Cette angoisse ne vient-elle pas d'un mauvais calcul, ou d'une mauvaise appréciation de l'objet qui nous est toujours inconnu ? N'avons-nous pas, sans le vouloir, fait naître cette angoisse en choisissant d'observer le monde avec notre raison ? Pouvons-nous raisonner pour expliquer la vie des atomes et leur désir de s'associer ? Or, la mort est aussi invisible que les atomes ! Pourquoi les déclare-t-on immortels ?

Ne serait-il pas préférable de parler de la mort comme il faudrait parler de l'amour originel, comme il faudrait parler des atomes avant qu'ils ne s'associent ? La mort est tout aussi immortelle que les atomes et l'amour ! Or l'immortalité est une qualité indépendante de notre volonté, de notre raison, de notre intelligence conceptuelle. J'aimerais dire de notre ruse, car nous passons notre vie à ruser, comme Ulysse qui aux yeux des dieux était l'homme le plus rusé du monde ! La raison n'est qu'une forme de ruse qui passe son temps à s'incliner devant les mystères de la matière.

Parler de la mort, c'est le plus souvent parler des morts et de la façon dont on les imagine, où on les situe, avec quelles qualités ils poursuivent une autre vie. Nous continuons à donner des capacités à ceux que nous avons aimés parce qu'ils nous manquent et que nous voudrions les voir auprès de nous. Il nous semble qu'ils étaient une partie de nous-mêmes et nous nous sentons amoindris, comme si nous avions perdu de la matière. Nous nous surprenons parfois à vouloir les faire renaître ! Mais tout cela reste flou dans la majorité des cas. Nous avons retenu leur voix et nous les entendons nous donner des conseils, nous avons retenu leur prestance, leurs attitudes et nous nous redressons devant l'adversité, nous avons apprécié leur humour et nous reprenons courage en cessant de pleurer, nous avons aimé leur parfum et croyons le percevoir ici ou là. Ils sont encore avec nous parce que nous les portons comme s'ils nous habitaient, nous les avons incorporés sans penser un seul instant qu'ils étaient en nous depuis longtemps !

La mort est un objet qui habite l'imagination des vivants, mais une imagination qui porte spontanément sur des souvenirs sans aller jusqu'à une analyse impersonnelle, jusqu'à la mort elle-même. La mort n'est vue qu'à partir de morts connus ou honorés par la société, mis en lumière par les pouvoirs qui trouvent matière à rappeler certaines de leurs valeurs, certains comportements préférables à d'autres, ou tout simplement qui sont des êtres que nous avons aimés particulièrement. Or, depuis des lustres, nous vivons en société et la survie qui était le propre de l'individu isolé, ou fragile devant les forces de la nature, est devenue la problématique d'une société à laquelle nous faisons référence pour tout. J'en suis arrivé à parler du tout social dans lequel l'individu ne peut que barboter ! C'est ce tout particulier qui voile le tout originel et nous fait négliger la matière depuis que nous croyons la dominer. Or la matière est immortelle sans quoi nous ne serions pas là !

Au moment de la mort, l'individu quitte le groupe, quelle que soit son importance. Nous pouvons alors comprendre que l'homme n'était pas qu'un élément du groupe, qu'il avait une valeur propre qui ressurgit au moment de sa disparition. Le fait de louer le citoyen, le membre de la fraternité, l'époux ou l'épouse, l'enfant, que sais-je, nous fait oublier l'individu à nul autre semblable. Nous hésitons à distinguer l'intelligible de l'affectif et pourtant ! Ce serait l'occasion de nous interroger autrement sur la mort !

Toutes nos évaluations sont d'ordre économique au sens large du terme. Seul l'amour charnel, véritable, et non l'amour des idées, échappe à l'économie. Il retrouve l'élan des atomes lorsqu'ils étaient en liberté, avant qu'ils ne s'associent. Sur le plan affectif, on ne peut pas parler d'évaluation, de jugement, de quantification. L'amour véritable est entier, ne se scinde pas, ne se discute pas. C'est certainement devant cet amour que la mort représente une coupure, une cassure inexplicable, un trouble personnel d'autant plus douloureux que le lien était inconscient et viscéral. Nous refusons la séparation et faisons tout pour conserver un contact que l'on peine à idéaliser. Nos sens nous harcellent, nos yeux demandent des photographies ou des lettres manuscrites, nos oreilles des enregistrements, nous continuons à caresser les vêtements qui peuvent avoir gardé des odeurs. Nous voulons retrouver un contact que nous avons appris à dévaloriser, jour après jour depuis notre petite enfance. C'est l'école de la vie, telle que nous l'avons instituée, qui nous a appris à aimer des idées, sans nous enseigner le pourquoi d'une séparation inévitable.

Le fait est que la mort nous rappelle que nous ne dominons pas la matière ! Toutes les illusions que nous faisons naître autour du mort, pour refuser la mort elle-même, ne font que nous laisser prisonniers des idées reçues, autrement dit des formulations qui servent des intérêts qui ne sont pas de l'amour au sens originel du mot. Les politiques comme les religions nous apprennent à aimer à partir de conventions et nous y encouragent à partir de rites que je qualifierai de forces d'entretien. Comme les aèdes antiques racontant les légendes pour instruire les êtres ordinaires, les morales ou les croyances ne font que poursuivre le même objectif. Elles opèrent un détournement de l'amour à leur profit et toutes les explications qui les accompagnent ne font que diminuer les différentes formes de résistance que nous pourrions lui opposer. Mais l'amour ainsi récupéré n'est pas l'amour véritable.

Pour donner une image, je dirai qu'une mère aime son enfant parce qu'il sort de son ventre, il ne sort pas de sa tête comme Athéna de celle de Zeus ! Le tout social sort de la tête des hommes qui pensent avant, il ne sort pas du ventre de Gaia, autrement dit de la matière. Il en va de même des religions qui sont les fruits de l'imagination des hommes et sortent, bien entendu, de leur tête. Nous avons tellement pris l'habitude d'aimer de façon rituelle que nous ne savons plus aimer autrement ou seulement à huis clos ! Depuis que nous avons condamné l'amour charnel, que nous l'avons placé au plus bas étage de nos comportements, nous avons perdu nos racines. Or les racines ne peuvent venir du ciel ni d'un entre-deux, là où se trouve la société engluée dans le goudron et le béton !

En revenant à l'amour originel, nous comprenons mieux le contresens que nous faisons sur la mort.

L'amour originel est une force qui pousse les atomes à s'associer, à manifester des formes. Si les atomes portent l'amour en eux, dans leur totalité, il n'en va plus de même sur le plan des associations, que ce soit pour donner naissance à une forme particulière, ou à un regroupement d'individus. Une société est une association dont nous connaissons bien la fragilité et l'amour qui la porte est un amour choisi, voulu, ordonné qui n'a plus la force de l'amour originel. C'est un amour qui doit faire la guerre, presque exclusivement, pour survivre et qui est étroitement lié au pouvoir. Il est sujet à évaluation, à controverse, à toutes sortes de sanctions positives ou négatives. L'amour originel ignore ces distinctions !

Lorsque nous parlons de la mort, disons du mort dont nous honorons le parcours au sein d'une société, nous parlons d'un être éduqué, enregistré socialement, qui quitte la société, politique ou religieuse, plus que les amis ou la famille. L'amour qu'on lui accorde est un amour institué, normalisé, idéalisé, utilitaire puisqu'il maintient l'ordre. Or, cet amour est lié à l'idée que l'on doit se faire d'un homme, sans dire ouvertement qu'il ne s'est pas comporté comme un animal, non à un être véritable. C'est bien nous qui avons trouvé ce mot pour nous identifier ! Il suffit de faire de la psychologie élémentaire pour s'apercevoir que cet homme est un produit de l'éducation tandis que les psychanalystes parleront du moi. C'est donc le moi qui meurt et non l'homme originel qui n'est pas davantage le ça. En effet, si le ça représente l'homme avant qu'il ne soit éduqué, formaté, endoctriné, robotisé, il reste lié à toutes les phases associatives qui lui ont permis de survivre, il ne peut correspondre à l'être au moment où il se manifeste pour la première fois, probablement aussi à l'être qui reste enfermé dans sa grotte protectrice qui est le ventre de sa mère.

Il n'est pas permis de parler d'un amour originel qui serait contraint au moment où les atomes s'associent et de le confondre avec un amour qui serait la force que les associations utilisent pour survivre. Les hommes, quelle que soit la taille de leur association, ne peuvent connaître qu'un amour indispensable, un amour relatif au pouvoir puisque la survie en dépend. L'amour ne peut alors que devenir discutable, enjeu d'éducation et de domination. L'aspiration au pouvoir n'est qu'une conséquence du désir de s'associer. C'est à ce moment que l'amour change de nature et devient justifiable. On comprend mieux que la mort soit déclinée à partir du pouvoir et ne puisse connaître une description qui lui serait étrangère.

Pour avoir une autre définition de la mort, il faudrait accepter que nous nous soyons trompés en voulant expliquer le monde à l'aide de notre intelligence conceptuelle. Il existerait au moins deux visions du monde, celle de ceux qui réfléchissent et celle de ceux qui ne pensent pas intellectuellement, qui vivent comme l'embryon avant de découvrir tous les pouvoirs du monde !

Au moment de la mort, nous sommes confrontés à une réalité, non à un mot, non à une idée. Elle est vécue distinctement par l'homme socialisé et par l'individu qui découvre qu'il est aussi un être particulier, comme le lui rappelle le mort. Le premier évalue tout ce que l'individu a fait ou dit, le second pleure l'être aimé sans que ce soit dit ! À la limite, il devrait y avoir deux mots et non un seul. La société pleure le moi qui sort du groupe, le juge, le condamne ou l'honore, en fait un exemple. Elle ne pleure pas comme chacun de nous au plus profond de notre solitude. C'est ce que les légendes nous racontent en permanence, en espérant que les images feront naître des comportements adaptés. Toutes les politiques ont leurs images, les religions aussi, bien entendu.

Dès lors que nous retrouvons notre originalité, ne serait-ce qu'un instant, nous nous sentons seuls pour continuer à vivre, nous nous percevons comme vidés de notre substance, éprouvons le besoin de retrouver l'association que la mort a fait disparaître. Personnellement, j'ai très vite perçu le sentiment d'avoir incorporé mon père, par contre c'est ma mère qui est entrée en moi brutalement au moment de sa dernière expiration. La relation avec mon père était rationnelle celle que je vivais avec ma mère était profondément affective. L'amour que j'avais avec mon père avait été structuré par l'envie de construire le monde, des actions communes, des choix de comportements, l'amour que j'éprouvais pour ma mère pouvait ressembler, sur la fin de son existence, à une initiation mystique, à la transmission d'un savoir irrationnel.

Si je donne mon exemple c'est pour montrer que même sur le plan affectif on peut avoir des nuances d'amour inconscient et d'amour éduqué, d'amour charnel et d'amour intellectuel, vivre une coupure associative ou seulement viscérale et souvent les deux ensemble.

Ce que nous ne ressentons pas, ou si rarement, c'est le chemin que nous indique le mort, celui de la mort. En le disant ainsi cette affirmation peut surprendre, mais le mort, que nous aimons toujours, nous invite à penser que toute association se termine par une mort qui n'est finalement qu'un éparpillement d'atomes. Or, cet éclatement d'un tout, fragilisé par la survie, ne peut être qu'une délivrance pour chaque élément et plus encore l'origine de nouvelles associations. La matière redevenant matière peut engendrer de nouvelles formes.

L'instant est important parce qu'il redistribue les cartes pour une nouvelle partie, mais, si nous approfondissons, nous devons distinguer les atomes originels, ceux qui sont immuables, immortels, invisibles, et les atomes liés par une association en se rendant visibles. Les seconds subissent-ils le changement ? Ce dernier n'est-il pas observable uniquement sur le plan des associations ? Or, seule la reproduction de la forme originelle connaît le changement. Mais, les atomes ne changeant pas eux-mêmes, ce sont bien les associations qui se modifient pour permettre à la forme de survivre. Parce qu'elles sont en nombre presque illimité, nous avons pris l'habitude d'observer le changement de la forme dans son ensemble sans aller jusqu'à l'analyser plus finement. Lorsque nous parlons d'évolution, nous oublions de rappeler qu'il s'agit d'une interprétation qui porte sur les reproductions de la forme, moins souvent sur la forme originelle.

La mort ne touche que les reproductions de la forme originelle, elle n'atteint pas l'espèce.

Lorsque je dis qu'il faudrait deux mots pour parler de la mort ce n'est pas assez. La mort est aussi un moment important pour celui qui le vit et il n'est pas permis d'affirmer qu'il n'est plus conscient au point de le priver de toutes sortes de sensations et de réactions, sous prétexte que nous ne les partageons pas. Nous passons notre vie à attendre la mort et, au moment où nous la rencontrons, cela ne peut pas nous laisser indifférents ! C'est le manque d'observations qui nous rend ignorants et il est vrai qu'aucun mort n'est encore revenu pour nous en donner. Nous nous appuyons sur nos connaissances scientifiques pour dire que le mort ne pense plus ou ne peut plus penser et nous négligeons le fait que notre corps peut penser autrement qu'avec son cerveau. Là encore, il y a abus quant au sens de l'acte qui consiste à penser ! Les hémisphères cérébraux ne sont pas seuls à penser et même à prévoir !

Il existe aussi des études sérieuses qui nous dérangent dans nos habitudes ou notre façon de penser. Un nombre de plus en plus grand d'expériences de mort imminente nous oblige à revenir sur certaines affirmations. Prenons le cas des escaladeurs qui vivent une chute pouvant entraîner la mort et qui restent en vie au-delà d'un temps qui n'est pas comparable au temps ordinaire des horloges. Ce qu'ils vivent peut-il être attribué à la mort ? L'individu n'est pas mort et cependant devrait l'être à la fin de sa chute ! L'individu connaît-il un état de sidération ?

On désigne cet état en parlant d'un anéantissement soudain des fonctions vitales (respiration, circulation) avec état de mort apparente sous l'effet d'un choc émotionnel qui mettrait en déroute les mécanismes naturels de défense et ferait intervenir une sorte de défense archaïque. L'individu qui tombe ne cherche plus à éviter la chute, car il sait viscéralement que c'est impossible. Il se trouve donc entre deux moments clefs : l'instant où commence la chute et l'instant où la chute s'arrête avec la mort en prime ordinairement. Entre ces deux instants, le temps n'est plus celui des horloges, qui est un temps purement intellectuel, il est un temps organique, celui de la matière qui continue à ressentir son écoulement. Tout se passe comme si l'individu ne pensait plus et continuait à vivre autrement. Il est selon la tradition sorti de sa conscience ! Mais alors ce qu'il ressent n'est plus perçu consciemment ? Comment peut-il vivre des sensations, recevoir des informations dans un laps de temps très court qui peut sembler long ? Il est dit que l'individu voit alors sa vie défiler devant lui, comme au cinéma, uniquement les faits sans l'ombre d'un jugement. Il est comme déresponsabilisé ! Dans l'ensemble, ce temps particulier est lumineux et agréable, comme rempli d'un amour que je qualifierais de maternel plutôt que de divin.

L'opposition entre une vie ordonnée, pensée, consciente, raisonnée et la vie merveilleuse vécue à l'approche d'une mort imminente ne pouvait que faire naître des réactions plus ou moins violentes de la part des rationalistes s'efforçant d'expliquer, sans pouvoir vivre l'expérience, comment notre cerveau aurait de lui-même organisé cet instant. Cette recherche est vieille de plus d'un siècle et même de plusieurs millénaires si l'on se réfère aux Égyptiens. Il est regrettable que pour des raisons de pouvoir elles ne soient pas prises en compte avec tout le sérieux qu'elles méritent. En 1952, lorsque les frères Gastaud découvraient qu'un yogi pouvait vivre normalement avec un électrocardiogramme et un électroencéphalogramme entièrement plats, ils ne pouvaient qu'être surpris. Nous le sommes moins aujourd'hui, mais nous refusons d'entendre un discours qui dérange ou qui nous laisse penser que nous nous sommes trompés ! Quand donc allons-nous jouer le second acte de Galilée ?

Ne sommes-nous pas toujours obsédés par notre raison qui ne nous donne que sa version de la réalité ? Au lieu de tenter une interprétation croisée des faits observés ou des interprétations individuelles de ceux qui vivent des morts imminentes, avec ceux qui connaissent des sorties du corps, des extases ou un satori, ou simplement avec ceux qui méditent sans rien chercher et sans en faire une religion, nous brandissons la critique. Comment dominer l'individu s'il n'est plus l'homme décrit par les sciences, la littérature ou les religions, par des mots ou par des idées ?

La mort est-elle un mot pour l'escaladeur pendant sa chute ? Elle est un fait réel, un vécu intense qui laisse une trace dans sa mémoire puisqu'il peut en parler a posteriori. Ce vécu échappe au temps linéaire ou même circulaire, il se déroule dans un temps entièrement organique et n'a pas besoin d'être pensé intellectuellement pour exister. C'est un temps cellulaire ou mieux encore un temps atomique qui semble ramener l'individu, à l'approche de la mort, dans une sorte d'éternité lumineuse, sans ombres et sans jugements.

Comment les pouvoirs en place pourraient-ils accepter une absence d'ordre et d'évaluation ?

Parce que j'ai vécu un peu tout cela, je me sens obligé de dire que les mots nous trompent et que la réalité peut être vécue autrement, appréciée autrement, sans référence à une culture quelconque. Les récits des individus parlant de leur mort imminente sont des récits faits de mots et ces derniers ne peuvent échapper au sens qui leur est donné depuis longtemps. Je ne remets pas en question ce sens particulier, je veux seulement souligner qu'il est totalement inadapté à des expériences qui n'ont pas été prises en compte au moment de l'instituer. Lorsque l'on sort d'une de ces expériences et que l'on redevient un être raisonnable, on ne trouve pas les mots qu'il faut pour exprimer un ressenti inattendu, totalement inconnu, déroutant, souvent agréable pour ne pas dire merveilleux. On s'efforce de traduire des images et il est difficile de ne pas leur donner du sens en nous servant des mots. Nous retombons alors dans le cadre bien clos d'une culture et nous pouvons comprendre que les interprètes de ces expériences fassent si souvent appel à la religion pour expliquer leur bonheur au-delà d'une obscurité quelque peu effrayante. Il faudrait lire Paul Brunton[39] traitant de l'Égypte ou de l'Inde pour comprendre que l'initiation pourrait ressembler à l'expérience d'une mort imminente !

Il me semble que nous ne devrions pas nous entêter à donner du sens à des mots qui ne sont plus en relation avec le réel, mais avec l'idée que l'on s'en fait. Or, c'est probablement ce qui nous perturbe le plus. Entre une vie ordonnée et une vie qui semble se dérouler sans ordre, sans intention, sans projets, sans objectifs, qui n'est pas voulue, mais qui n'est pas subie, nous sommes perdus. Pourtant nous ne sommes pas inquiets, nous nous trouvons dans une sorte de neutralité bienveillante et nous regrettons chaque fois de revenir à une vision ordinaire du monde. Le fait est que nous ne pouvons plus juger à l'aide des modèles que notre esprit a pu concevoir, à l'aide des règles que la raison nous impose habituellement pour faire des choix et pour expliquer ce que nous découvrons.

Lorsque je suis sorti de mon corps en écoutant le second mouvement du deuxième concerto de Chopin la surprise n'a pas duré longtemps et je me suis senti à l'aise au-dessus de mon corps resté allongé sur la moquette. Je n'ai rien perçu quant au retour dans mon corps, j'ai seulement retrouvé la normalité en suivant la partition du troisième mouvement.

Lorsque je suis resté en extase devant le glacier de la Pilate, en me trouvant sur la terrasse du refuge qui le domine, je n'ai rien pensé, rien entendu, je me suis seulement trouvé immobilisé devant un spectacle grandiose, là encore inattendu, impressionnant et accueillant. Sans la venue d'autres marcheurs, je serai peut-être resté là plus longtemps.

---

[39] BRUNTON P. *L'Inde secrète*. Traduit de l'Anglais par A. Vogrelle, Payot, 1949.

BUNTON P. *L'Égypte secrète*. Traduit de l'Anglais par J. Marty. Paris, Payot, 1949

C'est au-dessus du lac des Bouillouses, dans les Pyrénées, que j'ai vécu un satori dont l'impression ne s'est pas effacée depuis plus de trente ans. J'en ai donné les précisions un peu plus avant.

Alors, pourquoi vouloir, par principe, donner à tout ce que nous vivons une explication rationnelle ? Lorsque nous analysons ce que nous avons vécu, nous aimerions traduire notre expérience, mais c'est impossible parce que tout notre savoir, toutes nos interprétations du réel sont le fruit d'une étude rationnelle du monde, une étude pensée à partir d'idées préconçues, autrement dit isolées de l'expérience. Notre culture est prométhéenne ! Elle a irréversiblement construit un monde intelligible dont nous ne sortons que par accident, ou lorsque nous ne gouvernons plus notre existence, comme dans la méditation zen. En nous enfermant dans des idées et en écartant systématiquement nos sens, nous avons refoulé d'autres façons d'acquérir la connaissance et nous ne savons pas interpréter ce que nous vivons parfois, par manque d'un langage adapté.

Il suffirait d'abandonner notre obsession à tout contrôler, à tout analyser, à tout maîtriser pour aller au-devant d'un monde qui n'est pas celui que nous croyons, car il s'agit bien d'une croyance aveugle dans des mots définis par d'autres. Une fois encore, je souligne non pas le besoin de revenir à l'atome, mais de ne plus nous enfermer dans un savoir qui nous empoisonne. Parce que nous nous empoisonnons lentement, depuis la toute petite enfance, nous pouvons avaler tous les poisons que la société distille pour nous. C'est à l'approche de la mort que l'on sent parfois qu'il existait un autre chemin pour mieux vivre ! Or, tout est fait pour que nous ne pensions pas à la mort qui nous délivrera de notre prison de mots, ou que nous puissions prendre un autre chemin. Seuls quelques individus ont la chance de rencontrer un maître, celui que l'on appelle aussi un être de lumière, et sortent timidement des sentiers battus. Personnellement, j'en ai rencontré plusieurs, mais j'ai fini par comprendre que je me devais de trouver mon propre chemin tout en conservant un souvenir ému, attendri et plein de reconnaissance pour chacun d'eux, en particulier Jean Pierre

Schnetzler[40], médecin psychiatre et bouddhiste dont l'enseignement me fut précieux.

Notre dualisme nous a entraînés dans une opposition qui nous oblige à choisir entre la vérité et le mensonge. Mais personne ne ment ! Parce que nous voulons vivre, nous voulons le pouvoir et faisons tout pour l'obtenir. Nous lui dressons un socle de vérités qui finissent par endormir la vigilance de nos adversaires et nous arrivons en fin de vie sans avoir pris le temps de vérifier nos certitudes. Nous croyons vivre concrètement une vie normale et ne comprenons que trop tard que nous avons construit un rêve en accumulant des causes et des effets. Lorsque le moi s'endort, ou quitte le monde des vivants, il ne reviendra pas nous le dire, mais il retrouve une lumière qui n'est pas celle de la connaissance, une lumière qui ne fait pas d'ombre. Cette lumière naît de l'obscurité, c'est celle que perçoivent les hommes et les femmes qui vivent des morts imminentes, c'est celle que l'on vit dans la méditation, c'est celle de l'amour originel que possèdent les atomes lorsqu'ils sont associés, mais que nous ne percevons plus parce que nous passons notre temps à lutter intellectuellement pour survivre.

Les explications que je propose sont le fruit d'un parcours personnel, fait de lectures, de voyages, d'expériences, de réflexions, d'observations multiples aussi bien sur le plan musical que sur le plan sportif et culturel. Le plus important, sans doute, est que j'ai passé ma vie à apprendre et, simultanément à expérimenter ce que j'apprenais. Comme j'ai appris à nager et à accomplir des performances, j'ai appris à jouer de la flûte et obtenu un premier prix de conservatoire, j'ai appris à connaître le corps humain en devenant professeur d'éducation physique et j'ai mieux compris les idées nouvelles en faisant l'histoire de la profession, j'ai appris à construire une maison en suivant de sages conseils, mais surtout en agissant moi-même. J'ai appris à chercher mon propre sentier caché en suivant des maîtres, en lisant, en voyageant, en méditant surtout. Enfin, j'ai découvert

---

[40] SCHNETZLER J.P. *La méditation bouddhique. Bases théoriques et pratiques*. Paris, DERVY-LIVRES,1979.

dans le langage symbolique des mythes grecs, une sorte de réponse à de nombreuses questions et c'est pourquoi je les cite souvent.

C'est cet ensemble qui me pousse à dire que la mort n'est pas uniquement ce que nous avons appris à son sujet. Pourquoi faudrait-il souffrir à cause d'un mot et surtout vivre comme une ombre que nous ne serons jamais ?

La mort est un changement d'état que nous ne programmons pas, que nous ne prévoyons pas, devant lequel nous ne pouvons pas fuir, non parce que nous sommes des héros semblables à ceux d'Homère et cherchons l'immortalité, mais parce que toute association a ses limites. La loi de 1901 sur les associations prévoit la mort des associations et le transfert des biens lorsqu'il y en a, pourquoi notre logique ferait-elle demi-tour lorsqu'il s'agit de l'homme seul ?

Retenons donc deux situations, complémentaires si l'on veut, la mort et le mort ! La mort est ce changement que nous ne pouvons pas éviter, que nous attendons trop et qui cause notre angoisse. Le mort, qui est l'ami que l'on regrette ou l'étranger qui ne fait que confirmer ce qui nous arrivera un jour, est la dernière phase observable du changement. Il est possible que cette confirmation soit à l'origine de nos inquiétudes, de nos efforts insensés, de nos lamentations, de nos croyances en un monde meilleur où la mort serait vécue autrement ! Or, le mort ne permet pas de définir la mort.

Notre tendance à les confondre provient du fait que nous avons choisi de vivre à l'aide d'idées et que la mort nous rappelle qu'il s'agit bien d'un choix d'interprétation, que les idées, quelles qu'elles soient, ne sont qu'une traduction partielle du réel. Parce que nous refusons d'être essentiellement de la matière, et même de la matière qui pense, nous vivons comme des acteurs de théâtre qui jouent une pièce qu'ils croient écrire jour après jour. Il n'y a que la nuit que nous sommes nous-mêmes, mais nous l'ignorons parce que notre conscience ne veut pas s'y intéresser vraiment. La cause de notre souffrance, vis-à-vis de la mort, semble donc purement intellectuelle. Mais alors, pourquoi sommes-nous atteints viscéralement, ébranlés affectivement ?

Parce que nous avons pris l'habitude de faire confiance aux idées et accepté que notre corps puisse être source d'erreurs. D'une certaine façon, nous avons appris à pleurer ! Nos sens nous trompent ! Et pourtant ?

Si nous faisions confiance à nos sensations, à cette affectivité qui est à l'origine de tous nos efforts de survie, nous pourrions voir que le mort peut nous aider à comprendre la mort.
En disparaissant, le mort fait disparaître l'image que l'on avait de lui, nous rappelle qu'il n'était rien d'autre qu'une association particulière de matière, associée à d'autres associations dans un contexte de survie collective. Sa disparition nous touche parce qu'il était proche de nous et que nous commercions avec lui intensément, il n'en va pas de même pour les autres morts. Il est donc évident que le mort est d'abord le maillon d'une chaîne et que la vie, qui n'appartient à aucun d'entre nous, est une sorte de continuum qui nous permet, comme sur une portée musicale, de placer des personnages en leur faisant jouer une musique plus ou moins politique ou plus ou moins religieuse. Le mort n'est finalement qu'une agglomération de matière et sa disparition ne traite que de cette agglomération.

L'homme pleure ses morts comme l'enfant pleure et se lamente lorsqu'il fait tomber son hochet et veut qu'on le lui ramasse !

Pourquoi se lamenter parce que le mort disparaît ? Ne faudrait-il pas, au contraire, s'émerveiller, s'attarder sur le comment et le pourquoi de cette disparition ? D'abord, ne serait-elle pas limitée au visible, à ce que nos yeux peuvent enregistrer ? Les atomes sont invisibles, ils existent pourtant fort heureusement ! Ne vivent-ils pas, tout simplement, un enchaînement inverse à celui de la naissance ? Ne faudrait-il pas commencer par s'interroger sur la nature de l'association ? Nous connaissons bien toutes sortes de divorces, pourquoi les cellules ne viraient-elles pas des situations semblables ? Nous oublions trop vite que nos cellules sont des associations elles aussi, des associations déjà très complexes, avec une organisation qui pourrait être assimilée à une politique, un pouvoir imposant un ordre particulier et dépendant de sa fonction. Si je dis souvent que nos cellules pensent pour survivre, il faudrait aussi se pencher sur leur mémoire, car elles savent retenir ce qui leur est utile ou inversement. Notre corps est capable d'effectuer seul, sans l'intervention de notre volonté, une multitude d'actes ou même de prendre des décisions ou de faire des choix, C'est parce que nous le lui interdisons sans le savoir qu'il finit par ne plus assurer une vigilance qui pourrait nous rendre plus heureux ou plus équilibrés ! Enfin, disons que nos cellules mémorisent leurs aventures.

Ce ne sont pas les atomes originels qui changent ou mémorisent, mais les atomes une fois figés dans leurs accouplements, nos cellules pour donner une image plus facile à imaginer. Or, puisqu'il n'y a pas de puissance particulière pour décider des accouplements, il faut que ce soit l'amour, que les atomes portent en eux, qui, du fait de l'association, en soit l'origine. Mais l'amour de vivre ensemble a ses contraintes et nous pouvons admettre que ces dernières viennent à s'estomper, perdre de leur cohérence, de leur utilité, ne plus avoir assez de force pour conserver l'association en son état originel. La mort serait alors une perte de cohésion, progressive ou brutale, rien de plus !

Reste que notre affectivité nous perturbe et nous invite à traduire toutes sortes de refus ou de fuites. Parce que l'homme voulait être immortel, il a inventé les dieux, parce qu'il voulait être supérieur, il a inventé la peine de mort ! Or la survie rend l'immortalité impossible tandis que la vie, appartenant aux atomes et non à l'homme, fait de la peine de mort une aberration.

INUTILE DE FUIR

Nous passons notre temps à nous justifier et, ce faisant, nous fuyons devant l'inconnu. La mort n'est-elle pas l'objet le plus inconnu qui soit ? Parce que nous voulons contrôler la vie, nous fuyons la mort en pensant qu'elle est son contraire ! Or, sans nous en apercevoir, nous passons l'essentiel de notre existence à survivre, même au sein d'une collectivité qui semble avoir tout prévu. La survie est une force qui nous guide à travers le changement, qui s'impose à nous que ce soit dans notre solitude intérieure ou dans une association, quelle qu'elle soit. Le contresens que nous avons fait sur la vie nous a conduits à redouter toutes les « vérités » qui en découlaient. En quelque sorte, nous nous sommes nous-mêmes mis en prison ! Certes, nous ne survivons plus comme il y a des millions d'années, mais nous survivons autrement et nos angoisses existentielles sont là pour nous le rappeler. Je crois même qu'il faudrait ajouter que nos ancêtres n'avaient pas d'angoisses existentielles lorsqu'ils cherchaient à s'adapter au monde, la survie ne leur laissant pas le temps de fantasmer sur l'inconnu.

À partir du moment où nous débarquons sur les rivages du monde, puisque nous avons fait de lui un continent particulier, nous sommes une association qui ne peut que changer en s'adaptant à d'autres associations, chaque espèce, chaque forme étant une association, le monde y compris. Le changement nous domine pendant la gestation, mais surtout de la naissance, telle que nous l'enregistrons dans nos mairies respectives, jusqu'à la mort. Nous passons notre temps à l'observer et à répondre aux problèmes que nous pose la survie, nous pensons la maîtriser et c'est elle qui nous domine.

Tout ce qui existe dans le monde est sujet à un changement qui n'est que le résultat de nos efforts d'adaptation. Parce que nous voulons vivre le plus longtemps possible, nous changeons en changeant le monde et nous-mêmes et nous pouvons conclure que la mort correspond à l'arrêt du changement, tel que nous le comprenons. Lorsque nous confondons la vie et le changement, nous oublions que la vie n'est pas observable, comme nous croyons le faire, puisqu'elle est une force de cohésion, une force d'adaptation. Une force ne se voit pas directement, nous ne pouvons en percevoir que les effets !

Parce que nous refusons de prendre la vie pour ce qu'elle est, nous nous illusionnons ou fuyons à l'aide de raisonnements qui n'ont de valeur que dans notre esprit. C'est ainsi qu'en faisant un contresens sur la vie, nous en faisons un sur la mort ! D'une certaine façon, nous vivons dans l'absurdité que nous avons construite pour fuir ce que nous ne pouvons pas connaître. Ne voulant pas mourir, nous avons falsifié la vie, nous l'avons travestie et pour mieux réussir notre tour de passe-passe, nous avons remplacé les faits réels par des idées que nos sens ne peuvent plus critiquer puisque nous les avons séparés de nous-mêmes.

Est-il bien raisonnable de prétendre expliquer l'inconnu et, en même temps, de refuser d'en sonder les profondeurs [41] ? L'inconnu n'est pas le monde, mais le regard que nous portons sur lui. Nous sommes à l'origine du mot parce que nous sommes dominés par une volonté de puissance, un désir de royauté, une soif de pouvoir opposée à notre survie.

Il est inutile de fuir puisque, dès la naissance et quel que soit la nature du changement, nous ne pouvons progresser que vers la mort, vers une fin d'adaptation. L'accident mortel correspond à une fin brutale, la maladie scande mieux les étapes de la perte de

---

[41] Mère, qui dirigeait l'Ashram de Pondichéry, a voyagé dans les profondeurs de son corps comme le rappelle SATPREM dans son livre *Le mental des cellules*. Paris, Robert Laffont, 1981.

cette force adaptative qui manifeste la vie. C'est parce que nous confondons cette force et le déroulé de notre existence que nous faisons une profonde erreur quant à la nature de la vie et, bien entendu, de la mort. C'est pour la même raison que nous avons donné à notre espèce un pouvoir qui n'est qu'usurpé. L'homme, pas mieux que d'autres espèces, ne peut gérer le changement en soi, il ne peut que tenter d'en contrôler les répercussions, autrement dit ce qu'il analyse en opposant des causes et des effets. Comprendre que le changement ne dépendait pas de nous aurait permis de mieux penser notre existence. Nos instincts ont subi la critique, mais que représentent nos automatismes si ce n'est une autre façon d'être responsables de ce que nous considérons comme essentiel ?

Lorsqu'il s'efforce de survivre, l'homme ne peut que changer le monde ou se changer lui-même, le changement n'étant alors que le résultat observable de ses efforts. Toute philosophie qui ne fait pas du changement le résultat d'un effort inconscient de survie nie l'origine de la vie qui se confond avec celle des atomes. Parce que les atomes sont pleins de vie, ils en usent dès qu'ils sont associés, mais ce n'est pas leur association qui la crée !

La réalité est encore plus complexe.

Nous avons pris l'habitude de disserter sur l'homme comme s'il pouvait vivre seul. Il naît, il meurt, il se reproduit. Mais, seule la première manifestation de notre espèce a pu connaître un semblant de solitude. Nous oublions qu'avant de mettre de l'ordre chez les mortels regroupés, nos ancêtres vouaient à la fécondité un véritable culte. Sans elle, notre espèce aurait disparu ! Pour que la première forme subsiste, il fallait qu'elle se reproduise, compense la mort par une naissance. Les légendes nous trompent en nous montrant Deucalion et Pyrrha jetant des cailloux pour avoir autour d'eux d'autres mortels. Les aèdes ont peut-être hésité à leur faire faire l'amour ! Quoi qu'il en soit, la fécondité était la seule façon que notre espèce avait de survivre. Nous avons isolé les mortels pour les opposer aux autres espèces avec lesquelles ils partageaient le monde. Or toutes les espèces n'ont que ce procédé pour continuer à exister, que ce soit dans l'eau, dans l'air ou sur terre. Comment l'ignorer [42]?

Nous n'avons pas pris l'habitude d'envisager le monde à travers les espèces, mais à travers notre propre espèce. Lorsque nous essayons d'expliquer la mort, nous le faisons à partir de l'homme ! Or cette réduction drastique d'effectif nous trompe. L'homme seul n'a jamais existé ! Comment aurait-il pu se reproduire ? La mythologie nous propose une solution qui ne manque pas d'intérêt ! Gaia, la matière, aurait fait naître d'elle-même un partenaire, un fils-époux, avec lequel elle aurait donné naissance aux dieux avant de demander à Cronos de le castrer. Faut-il en déduire que la matière est capable de procréer sans partenaire ? Serait-elle mâle et femelle simultanément ? Ne peut-on pas dire, simplement, que la matière à partir de laquelle nous existons se suffit à elle-même pour peupler le monde d'espèces différentes ? Oublions-nous que l'homme est porteur de deux sexes à sa naissance et que la prévalence de l'un sur l'autre se fait à la puberté ?

C'est après leur apparition, en tant qu'espèce, que les atomes associés sont contraints de prendre la responsabilité de se reproduire !

L'homme, tel que nous pouvons l'observer est surtout le maillon d'une chaîne, un produit qui doit être vu à travers une myriade de naissances et de morts, Il faut donc rappeler que si la survie est due à une nécessaire adaptation, propre à chaque association, la reproduction de la forme originelle, qui permet de combler les disparitions et de multiplier les chances de survie, est la seule explication à la pérennité de notre espèce.

Si les hommes ne faisaient l'amour qu'avec des idées, nous ne serions plus de ce monde !

Parce que nous confondons la manifestation originelle de notre espèce avec ses multiples reproductions, nous oublions de tenir compte d'une différence fondamentale à savoir que seules les reproductions de la forme originelle sont sujettes au

---

[42] L'homme serait-il hanté par le désir de ne plus dépendre de la fécondation ?

changement, le vivent et le mémorisent au sein de l'association qu'elles représentent.

Parce que nous avons inventé une mémoire située dans notre cerveau, nous ne comprenons pas qu'elle puisse intervenir en dehors de son contrôle. Or la mémoire est cellulaire, ou pour mieux dire se trouve gravée sur les atomes lorsqu'ils sont associés. Parce qu'ils sont associés, les atomes sont sensibles à tous les changements, ce sont eux qui modifient la nature de l'être sans pouvoir remettre en question l'association elle-même, autrement dit l'espèce.

Chaque reproduction ne change pas l'espèce, mais la modifie superficiellement en l'adaptant !

Ici, je tiens à souligner que le monde original, vierge comme voulait l'être Artémis, n'existe plus, qu'il est dénaturé depuis longtemps à cause de la survie essentiellement, mais aussi de notre avidité à tout diriger, à tout contrôler et que, de ce fait, les reproductions de la forme ne s'adaptent plus à un monde originel, mais à un monde sans cesse transformé.

Ajoutons immédiatement que ce monde, qui est une forme, une association, connaît, comme chaque espèce, un besoin de s'adapter. Si nous pouvons le comprendre davantage aujourd'hui, les anciens l'avaient perçu autrement, avec leurs propres investigations, le soleil et la lune n'étant pas les seuls jalons dans leur observation du changement du monde.

Il est possible de dire que c'est à l'homme que les reproductions de la forme originelle s'adaptent ! Faut-il ajouter qu'une telle adaptation va de pair avec le désir de contrôler l'espèce, de la modifier, d'en faire naître une nouvelle qui pourrait se reproduire à son tour ! Quand on voit ce dont l'homme est capable, j'aimerais mieux dire incapable, au vu de certaines transformations du monde, je ne souhaite pas que cela soit possible !

Nous jouons souvent avec le singulier et le pluriel, l'homme et les hommes, comme si nous pouvions isoler dans l'être une partie qui lui serait personnelle et une autre collective. L'homme est déjà une association à la fois d'atomes, mais aussi de mémoires et toutes les reproductions de la forme originelle sont le fruit d'une incessante adaptation. En lui-même, l'homme ne peut trouver une individualité qui permettrait de le distinguer de la foule de ses partenaires. Il est les autres en naissant !

La seule façon d'éviter une opposition factice entre l'individu et les autres est de penser association d'atomes lorsque nous parlons de l'homme.

Pour le moment, la mort est encore associée à des naissances ordinaires, fruit de la rencontre de gamètes mâle et femelle. Compte tenu de l'explosion démographique de par le monde, nous pouvons dire qu'il y a plus de naissances que de morts et que l'espèce se porte bien ! L'inverse serait l'annonce d'une possible catastrophe à son échelle. C'est ce différentiel que nous n'arrivons pas à gérer pour de nombreuses espèces avec notre intelligence et notre raison ! Nous ne le maîtrisons pas davantage en ce qui nous concerne !

Ce qui sauve notre espèce c'est que son besoin de procréer n'est pas volontaire, mais inné. L'homme n'a que la possibilité de réguler les naissances ce qui, déjà, n'est pas une simple affaire. L'instinct de procréation ne peut pas être contrôlé sur le plan réflexif ! L'affectif est difficilement raisonnable ! Pourquoi faudrait-il intervenir raisonnablement sur le plan de l'amour originel et le domestiquer alors qu'il est indispensable de lui garder toute sa puissance pour assumer une survie efficace ? Nous n'avons inventé que le préservatif pour interdire la rencontre d'un spermatozoïde et d'un ovule! Quand donc inventerons-nous un préservatif qui interdira à notre intelligence de mener à terme toutes ses jouissances intellectuelles ou un filet capable d'emprisonner tous les effets pervers de ses inventions ?

Ne faudrait-il pas se demander si la mort n'est pas indispensable pour permettre les naissances ? Peut-être même faudrait-il s'interroger comme l'a fait courageusement, Alexis Carrel ? Étant donné que l'existence du meilleur des mondes n'est pas envisageable pour demain, ne faudrait-il pas se demander si toutes nos définitions de l'amour, philosophiques ou religieuses, ne sont pas contraires à la survie qui est la seule réalité qui domine le monde et l'homme en particulier ?

Ce qu'Hésiode conseillait aux hommes dans *Les travaux et les jours*, pourrait bien être valable pour les hommes d'aujourd'hui ! La multiplication des naissances, autrement dit la conséquence de la survie de notre espèce, ne peut qu'entraîner des besoins proportionnels en tout et rendre le monde incapable de produire davantage ! Quel procédé utiliserons-nous pour détruire une partie de notre espèce et sur quels critères s'il le faut ? Pour plaire aux économistes et assurer une production qui rapporte, nous avons su utiliser la guerre, mais faudra-t-il inventer un procédé encore plus performant ? En voulant fuir la mort, et en prétendant cultiver le bien-être n'avons-nous pas rendu la vie de plus en plus difficile ? L'homme qui n'est plus responsable de lui-même qu'à travers les autres est-il capable de retrouver ce que la nature lui offrait et ce dont il n'a pas voulu ?

La mort étant l'échéance naturelle de l'existence, la limite d'un effort de survie, elle ne fait que détruire ce qui ne peut pas être conservé. N'est-il pas surprenant de voir que l'homme n'a pas d'état d'âme lorsqu'il doit abattre un arbre ou un animal ? A-t-il compris, jadis, qu'en organisant l'élevage ou l'agriculture il se devait d'en accepter une conséquence tragique, autrement dit le devoir et non le droit de donner la mort ? Il a inventé l'élevage pour se nourrir, tous nos stratèges au cœur sensible imaginent-ils que l'homme puisse se passer de nourriture ?

Comme toute espèce d'association, l'homme doit naturellement disparaître et s'enivrer pour quelques centenaires ne devrait pas cacher tous les handicaps qui découlent de l'élevage antique et que la modernité peut engendrer sans qu'il soit trouvé un remède approprié, autrement dit sans que la société qui en est la cause ne soit changée. Le commercial étant le vrai monarque du monde moderne, le changement reste un produit évaluable, les décisions chiffrées. Le sport pour handicapés ne cachera jamais les traumatismes que notre intelligence, ou notre raison, peuvent produire. Le problème de l'amiante n'est qu'un exemple de nuisances, parmi tant d'autres, que l'économie s'autorise en décidant du changement à partir de ses intérêts ! À quoi bon nous parler d'amour lorsque tout est conçu pour faire de l'homme un moteur et pour lui demander de produire toujours plus en se moquant de sa qualité de vie ?

En forçant l'homme à survivre dans des conditions anormales, ne soyons pas surpris si, sans attendre, il ne faudrait pas penser davantage aux déchets que nous produisons plutôt qu'aux inventions censées nous procurer du bien-être ! L'homme va-t-il devenir lui aussi un déchet ?

L'homme tel que nous avons appris à le considérer sous la domination des pouvoirs politiques et religieux n'est plus qu'un mot et c'est pourquoi les religions peuvent prétendre intervenir pour lui redonner ce que la société lui a pris ! À l'origine, lorsque l'homme était encore une association d'atomes dominée par l'amour originel, il ne connaissait qu'un rapport immédiat avec le monde, disons les autres associations d'atomes. Il mangeait ou il était mangé ! La survie l'a contraint à faire la guerre pour imposer son association, il ne se doutait pas qu'il finirait par se détruire en voulant dominer les autres et le monde. Certes, ce n'est pas encore fait, mais il en prend le chemin et le fait sous la houlette de toutes sortes de tyrans, politiques ou religieux qui se complaisent dans la volupté que procure le mensonge ou l'ensemble des voiles avec lesquels ils nous cachent le monde.

La mort n'est pas un handicap, elle n'est pas le fruit de la souffrance, sauf lorsque cette dernière conduit au suicide. Elle est une libération inconditionnelle. Pourquoi fuirions-nous ?

Si nous étions conscients d'être de la matière, nous pourrions avoir une mort plus sereine et partir en paix psychologiquement au lieu de craindre toutes sortes de châtiments. Parce que nous sommes enfermés dans des croyances, nous angoissons et, parce que nous angoissons, nous voulons fuir en oubliant que l'agression que nous subissons est le fruit de la société, des pouvoirs politiques et religieux, non de la matière, la seule à nous aimer vraiment. Or politiques et religions dépendent de l'art de penser !

Œdipe est condamné par Créon et la ville de Thèbes, par contre les Érinyes l'accueillent en le guidant vers la source que d'autres ont tarie pour lui. Il n'est pas responsable de la faute de son père qui provoque la malédiction de Pélops, la justice des hommes ne continue-t-elle pas à confondre l'origine du crime et ceux que nous qualifions de boucs émissaires ? D'origine juive, l'expression, peu formulée dans l'Ancien Testament, est devenue usuelle et garde son sens originel : charger un innocent des malheurs d'un groupe et l'exclure, le condamner ou même le sacrifier. C'est bien le cas du fils de Laïos et c'est ce que les psychanalystes n'ont pas retenu en inventant le complexe d'Œdipe.

Les mots nous trompent ou nous orientent vers des comportements jugés meilleurs, mais par rapport à quoi ? Qui, aujourd'hui, peut prétendre être un modèle et assurer que la raison est l'outil indispensable pour mieux vivre ? L'homme se sent-il responsable de ce qu'il transmet en procréant ?

L'amour que les hommes ont inventé pour prendre et garder le pouvoir est un produit qui s'achète, qui se discute, qui se défend puisqu'il est aussi attaqué. S'il l'est c'est justement parce qu'il est l'objet d'un commerce ce qui le distingue de l'amour originel qui n'est pas discutable, qui ne peut être approprié à qui que ce soit puisqu'il appartient aux atomes avant qu'ils ne s'associent. Les hommes en l'identifiant par rapport à leur besoin de pouvoir n'ont pu que le déformer, le remplacer par des idées avec lesquelles ils pouvaient l'imposer. L'amour mystique n'a pas mieux fait que l'amour citoyen pour effacer la survie naturelle de notre existence. Par contre, nos guides ont renforcé la peur de la mort et même proposé des fuites qui leur permettaient de devenir des intermédiaires tout puissants. Il suffit de voir les richesses cumulées des uns et des autres, et non redistribuées avec amour, pour le comprendre.

Nous sommes loin de l'image laissée par Saint Martin coupant son manteau en deux pour en donner la seule moitié qu'il possédait à un pauvre ! L'image est-elle suffisante pour nous dédouaner ?

Les religions sont des écoles où l'on apprend à fuir vers des mondes invisibles, imaginaires. Elles sont des forces contraires à la survie qui est la seule réalité que l'homme devrait prendre en compte. En cheminant sur des idées qui surclassent toutes les politiques, elles endorment la conscience des hommes en leur apprenant qu'ils peuvent devenir meilleurs en respectant leurs principes. Or l'homme supérieur n'existe pas davantage qu'un homme excellent qui finirait par se prendre pour un dieu ! L'homme est juste un être qui survit jusqu'au moment de sa mort. Le drame, si l'on veut, est qu'il survit grâce à une force qui lui fait rechercher le pouvoir par tous les moyens, il en va de même des nations qui, à leur façon, organisent une survie collective à partir de la même force qui n'est autre que l'amour originel, celui qui est logé dans les atomes. Observons que si les règles de survie changent d'une nation à l'autre, d'une association à une autre, c'est bien parce que chaque regroupement d'atomes est d'une nature particulière et que les atomes ne se comportent plus comme à l'origine.

Il faudrait relire presque chaque matin *Ainsi parlait Zarathoustra* pour avoir à l'esprit cette faiblesse humaine qui consiste à vouloir devenir supérieur[43] !

Le malheur, c'est que nous avons donné à notre esprit une liberté dont il n'a pas su jouir correctement. En écrivant *L'apprenti sorcier*, le musicien Paul Dukas n'a fait qu'espérer ce qui pourrait advenir de mieux après toutes les tempêtes qui naissent dans notre crâne. La raison, à laquelle nous avons donné tant d'importance est une fausse amie. Elle nous trompe en jouant avec des mots et des idées qui trouvent dans notre imagination tout ce qu'il faut pour nous leurrer. Mais pouvons-nous maîtriser un outil qui avait la ruse pour fondement ? Pouvons-nous maîtriser l'amour originel et son complément la guerre ?

En isolant la guerre de l'amour originel, nous avons fait l'erreur la plus grande et nous nous sommes enfoncés dans une impasse dont nous ne pouvons plus sortir. La raison a voulu justifier la guerre, mais la raison était née de l'esprit d'un tyran qui lui-même ne pensait qu'à guerroyer en se justifiant et en déclarant les autres monstrueux. Zeus, enfant de Cronos, pouvait-il être moins monstrueux que son père ! Il le devient même davantage et autrement pour gouverner le monde. La réalité est que tout tyran perd son pouvoir un jour ou l'autre. Il le perd parce qu'il l'a pris, ou volé, peu importe ses justifications.

---

[43] NIETZSCHE F. *Ainsi parlait Zarathoustra*. Paris, Mercure de France, 1946.

J'aimerais dire ici que l'amour, tel que nous l'avons évalué avec Platon, est un amour qui ne peut que changer. C'est un amour pensé, imaginé par l'homme, voulu et donc fragile, changeant puisqu'adaptable. Que vaut l'amour des idées ? Il suffit d'en prendre une et de voir qu'elle dépend de celui qui lui donne naissance. La controverse l'accompagne dès sa naissance parce qu'elle veut commander, or elle ne peut que disparaître, laisser sa place à une autre tout aussi fragile. Il en va de même de l'amour charnel, à l'autre extrémité de l'échelle. Un homme et une femme se plaisent et se jurent fidélité ce qui est déjà une première erreur sur le plan de l'amour associatif. Ils ne sont que des associations dont les atomes ont probablement perçu une association plus grande. Mais ils sont aussi guidés par la survie et ne peuvent que s'adapter en changeant. Cette fidélité est une expression du pouvoir que l'être croit posséder en naissant, mais elle a la faiblesse de son état, elle ne peut être qu'un produit de l'imagination et subir toutes sortes de forces en provenance du monde. Elle ne peut que s'adapter au changement !

L'homme veut posséder la femme et inversement. Leur amour n'est pas l'amour originel qui lui ne veut rien, n'a besoin de rien puisqu'il est immortel comme les atomes. À l'origine, les atomes se rencontrent par hasard et s'associent sans en prévoir les conséquences, ils n'ont pas de projet de vie, par contre les associations qui se jurent fidélité doivent faire face à la nécessité qui découle d'une survie organisée.

L'homme se construit de jour en jour, mais à partir de ce qu'il est et son esprit ne peut que tenir compte à la fois de sa nature originelle et des enjeux de société parce qu'il n'est plus libre de ses choix. Nos aînés ont cru que la raison pourrait l'aider à assurer le meilleur changement possible, or la raison les a trompés. L'homme s'est enfermé dans le nécessaire ! Seule la mort l'en délivre et le rend au hasard lorsque ses atomes retrouvent leur liberté.

Nous parlons sans cesse de responsabilité, mais en admettant que nous soyons libres d'adopter les us et coutumes du groupe qui nous domine. Nous possédons une liberté conditionnelle ! C'est peut-être pourquoi ne plus penser est dangereux pour les autres ! Dès lors que l'homme ne pense plus comme ses semblables, il échappe à leur pouvoir, il se libère, il s'évade de la nécessité que les autres lui imposent avec des mots ou des idées. C'est ce qu'il fait au moment de la mort : il s'évade !

Toutes les guerres que nous vivons depuis des millénaires sont des choix de survie ou les conséquences d'un besoin naturel de pouvoir. Qu'est-ce que la légitime défense si ce n'est la justification d'une agression ? Parce que l'homme se croit sans cesse agressé, il passe son temps à se battre ou à fuir. Or la fuite la plus névrotique qui soit est certainement celle que nous connaissons devant la mort. Certes, tout le monde n'est pas angoissé à ce point, mais ce que nous observons quotidiennement n'est pas de nature à rassurer les plus atteints, ceux qui voient le monde à travers un voile plus ou moins gris, plus ou moins sombre. Seules quelques idées s'efforcent de déchirer le voile et les religions, par certains côtés, sont de nature à soulager les malades. Mais quel est ce remède qui peut devenir pire que le mal lorsqu'il est mis en défaut ? À quoi sert de voiler la mort qui se montrera sans fard le moment venu ?

Pour éviter de fuir inutilement, le mieux est de regarder la vérité en face et de cesser de faire de la mort un épouvantail qui nous prend pour des oiseaux ou qui nous fait adopter un comportement d'autruche !

En disant que la mort met un terme à notre existence, au fonctionnement de notre société organique, nous pourrions penser qu'elle met aussi un terme à tout ce qui a été enregistré jour après jour. Le changement ne se limite pas à une adaptation ponctuelle. Il se traduit, plus ou moins lentement, par une adaptation d'ensemble qui fait d'un individu un combattant plus aguerri, un acteur de meilleure qualité, comme si la survie était l'entraîneur qui conduit l'homme vers la performance. Or chaque progrès s'inscrit de façon durable et l'individu ne change globalement que parce que sa mémoire lui conserve tous ses acquis en les rendant utilisables. Or, que devient cette mémoire ?

Si nous la cherchons dans la tête du mort au moment où il disparaît il est probable que nous ne trouverons pas grand-chose.

En disant que ce sont les associations qui changent et non les atomes qui ont choisi de s'associer, nous ne pouvons pas situer la mémoire sur leur plan particulier. Par contre, si nous considérons que la mémoire se fixe sur les associations, l'ensemble de notre corps si l'on veut puisqu'il est un ensemble d'associations, le seul moment où la mémoire peut être transmise est l'instant de la procréation. Ce sont les ovules et les spermatozoïdes qui sont ainsi responsables de cette transmission. Ils possèdent la mémoire de chaque individu qui participe à la rencontre et, au moment de la fécondation, les deux mémoires se retrouvent dans l'être qui va naître. Le changement passe ainsi d'un individu à un autre par cet intermédiaire. La mort n'intervient pas sur cette opération qui, mieux que la naissance elle-même, assure la pérennité de l'espèce.

Il est alors facile de comprendre pourquoi la procréation peut être confondue avec un désir d'immortalité. Les aèdes, émules de Zeus, n'ont-ils pas choisi de l'ignorer ? N'ont-ils pas, au contraire, voulu imposer une immortalité qui pouvait être contrôlée par des idées ? Pourquoi Héra doit-elle rendre fou Alcide afin qu'il devienne Héraclès et surtout pourquoi cette folie consiste à imposer à Alcide de tuer ses enfants ? Nous devons comprendre que les poètes connaissaient les deux façons de devenir immortel, mais que, voulant imposer les idées, il fallait faire comprendre à leurs auditeurs, que la bonne formule conduisait à ne plus faire d'enfants et à suivre les commandements de Zeus ou de son épouse. Hésiode reste quant à lui hésitant, assis entre deux chaises. Nous le restons encore aujourd'hui, et nous voyons le résultat de notre incapacité à compenser ce que nous avons imposé à la nature en croyant tout maîtriser ! Nous n'acceptons pas d'être castrés, comme Ouranos, pour pouvoir survivre selon notre fantaisie !

Si l'escaladeur, durant sa chute mortelle, voit défiler le film de sa vie, c'est bien qu'il est inscrit en lui. Parce que nous disons qu'il est sorti de sa conscience, il faut bien que cette mémoire soit indépendante de sa volonté, de son esprit d'analyse, de ses capacités d'observation, de son cerveau et nous pouvons en déduire que seule une origine cellulaire, organique peut apporter cette image de son existence !

L'enfant qui va naître est déjà en possession d'un passé qu'il utilisera, plus ou moins, tout en recevant sa formation d'être responsable. Sa nouvelle identité se heurte alors aux souvenirs des vies antérieures ! L'individu qui vient au monde possède une mémoire avec laquelle il devra compter, autour ou sur laquelle il placera celle qu'il construira pas à pas. Nous pouvons être surpris de voir ce petit être, soudainement contraint de respirer, prélever des informations par lui-même dans le monde, en pensant qu'il est en possession d'un bagage extraordinaire dont il ignorera l'existence probablement toute son existence. Toujours est-il que certains d'entre nous ont ce que Platon, ou Socrate, auraient peut-être appelé des réminiscences. Des souvenirs remontent à la surface en venant des profondeurs de l'être, de sa mémoire héritée qui se libère de la mémoire acquise jour après jour depuis la naissance. Le plus souvent, il s'agit d'impressions sensorielles, mais il peut s'agir également de phases entières de vie qui peuvent correspondre à un détail souvent insignifiant, comme une odeur ou un son.

Nous comprenons aisément que notre éducation, sous toutes ses formes, puisse faire écran par rapport à cette mémoire ancestrale, aux histoires de vie, à cet héritage qui peut dépasser les siècles. Platon a trouvé une solution en faisant boire l'eau de l'oubli au soldat Er [44] ! Il aurait pu parler de couches successives d'idées recouvrant la mémoire ancestrale. Nous comprenons mieux la construction du moi qui ne peut que refouler ou nier les vies antérieures qui cherchent à remonter à la surface comme le font tous les souvenirs. Il est facile de comprendre que ces souvenirs puissent émerger plus facilement dans la petite enfance lorsque la nouvelle identité n'est pas encore consolidée.

Au moment de la conception, l'individu aurait à sa disposition le passé de ses parents qui lui-même serait riche de passés antérieurs. Autant dire qu'en naissant l'individu porte en lui une multitude d'informations qui sont en prise directe avec la réalité des vies de ses ancêtres. Si rien n'est venu effacer la mémoire de certains faits, la volonté en est incapable, l'individu possède à sa

---

[44] PLATON *La République*. Paris, Denoël 1983.

naissance une histoire qui peut paraître sans limites. Les scientifiques, là encore, ne font pas remonter les souvenirs en amont de la naissance officielle et s'efforcent de voiler une réalité qui n'est dérangeante que par rapport à certaines idées reçues, certaines justifications politiques ou religieuses. Nous pouvons mettre dans l'inconscient tout ce que l'on ne peut pas mettre dans le conscient, il reste que notre mémoire n'est ni consciente ni inconsciente et que cette dualité n'est que le fruit d'un raisonnement qui s'est forgé sur une analyse partielle du réel.

Lorsque les médecins ont voulu vérifier que le stent qu'ils m'avaient placé fonctionnait correctement, il a fallu, pour reprendre le même trajet artériel, faciliter l'accès avec un calmant parce que le corps se souvenait de la première intervention et refusait une seconde invasion. Le médecin qui pratiquait l'intervention a reconnu la cause de la réaction qui n'avait pas eu lieu la première fois. Il en va de même pour tout.

Nos cellules enregistrent ce qu'elles expérimentent ou ce que nous leur faisons subir. Le corps n'oublie rien, le vécu ne peut être gommé.

À chacun de mes voyages en Inde, je me suis ressenti chez moi en foulant le sol de Bombay. C'est peu, mais d'autres témoignages devraient nous conduire à moins de refoulements. Il est vrai que certaines croyances accréditent la remontée de certains souvenirs, mais cela peut se comprendre sans les faire intervenir juste en prenant en compte la transmission des caractères acquis par les deux cellules fondatrices du nouvel individu. Nous aimerions bien avoir été de grands personnages, mais très souvent nous n'avons connu que des existences ordinaires. Cela ne change en rien la transmission de ce qui fut mémorisé.

La construction d'un arbre généalogique permet souvent de retrouver des ascendants sur plusieurs siècles. Comment ces ascendants n'auraient-ils pas transmis leur mémoire ? Lorsque l'individu se souvient, et reste surpris par la nature des images qui émergent dans sa conscience, il ne s'agit pas toujours de sa vie antérieure immédiate, mais de vies nettement plus anciennes. Je devrais systématiquement remplacer le mot vie par survie, mais c'est ainsi que nous trouvons ces transmissions qualifiées dans la littérature !

Il est regrettable que le sujet que j'aborde ici soit surtout un objet de discours pour des thérapeutes.

L'individu qui se souvient n'est pas un malade et son fonctionnement ne peut pas dépendre uniquement des connaissances rationnelles qui font d'un individu un objet, tandis que les religions lui accordent une âme qui n'existe que si l'on y croit ! Apulée a pu écrire *L'âne d'or* en mélangeant légendes et croyances[45]. Hérodote a fait de l'histoire en associant des légendes et des observations personnelles. Politiques et religions continuent de voiler le réel pour conserver le pouvoir qu'ils ont pris sur les masses bêlantes que nous sommes devenues à force de fuir la mort.

Il suffirait de redonner à notre existence une représentation moins sujette à évaluation pour oublier que nous dépendons de discours savants essentiellement castrateurs. La castration d'Ouranos pourrait bien être la nôtre depuis des millénaires. Le taureau est devenu un bœuf, il ne peut plus qu'obéir à celui qui l'a castré ! Peut-être sommes-nous hostiles à la corrida, mais avons-nous bien compris ce qu'elle représentait et ce que son refoulement nous cachait ? La mise à mort du taureau par un être transfiguré à l'aide d'un habit de lumière ne serait-elle pas la nôtre, celle d'une matière pleine de vie, que nous sommes en naissant, et que nous devons abandonner au profit d'un mode d'être imposé. Le taureau, c'est l'homme originel, les atomes associés juste avant de commencer à survivre. Le toréador représente les autres, leur pouvoir quasi absolu, la muleta cache son épée, comme la culture ou l'amour chrétien cachent l'indispensable abandon d'indépendance.

Nous avons tendance à donner des vertus à la sédentarisation des hommes, mais nous oublions que l'élevage ne s'est pas exercé que sur du bétail ! Que représente l'école de Jules Ferry en France si ce n'est un élevage républicain prenant le contre-

---

[45] APULÉE *L'âne d'or ou les Métamorphoses*. Préface de J.L. Bory. Paris, Gallimard, 1975.

pied d'un élevage religieux ? La loi de 1905 n'aura d'autre but que celui de dissocier les deux.

Certes, il n'est pas question de prôner le n'importe quoi ! Mais nos jugements, qu'il faudrait qualifier d'académiques, ne sont que l'aboutissement d'un dressage intellectuel et affectif, car même nos sentiments sont devenus des stéréotypes. Je ne suis pas le premier à le dire, mais qui respecte cette remarque de bon sens : il faut pleurer pour l'enfant qui naît, se réjouir pour l'homme qui meurt ?

L'enfant qui découvre le monde découvre l'esclavage, il entre en prison, son existence correspond à la perpétuité, l'homme qui meurt sort de prison, il retrouve la liberté, il n'est plus enfermé dans un habit de bagnard, ou la peau d'un lion comme Héraclès, et ne ressent plus le boulet qui s'était logé au creux de son estomac, là où se trouve son plexus solaire ! Il est léger comme le vent et le mythe de Psyché nous le fait comprendre. La seule différence avec la mort est que le mort est bien réel alors que l'âme n'est qu'une invention des hommes, ici d'Apulée dans la description de la légende.

Nous pourrions comprendre que l'homme ainsi malmené ait envie de fuir, or il n'y pense pas spontanément. Politiques et religions lui proposent de le faire et c'est probablement pour prendre des chemins bien éclairés par des mensonges aux allures de vérités transcendantales, sur lesquels il ne sera jamais seul, qu'il oublie les sentiers cachés que l'on trouve lorsqu'on ne les cherche plus ce que Paul Brunton nous proposait il y a plus d'un demi-siècle[46].

Ma mère a cherché tout au long de son existence une vérité qu'elle fuyait lorsqu'elle découvrait le mensonge qui la portait. Ce n'est que sur la fin qu'elle est devenue anachorète, qu'elle n'a plus cherché à comprendre qui elle était. Elle se sentait pénétrer dans la terre fraîchement labourée par mon père. Elle amorçait la fin de son parcours terrestre avec une seule préoccupation : s'assurer que j'allais être capable d'échapper à mon tour à la

---

[46] BRUNTON P. *Le sentier caché. Méthode pour la découverte spirituelle de soi-même*. Paris, Victor Attinger 1949.

prison dans laquelle je m'étais volontairement enfermé en soutenant une thèse d'État. Après sa mort, elle est venue me regarder méditer, je la voyais très clairement jusqu'au jour où elle m'a signifié que je ne la reverrai plus. Cette relation particulière avait commencé à la naissance, je l'ai compris en faisant des régressions. Au moment où le médecin, tout heureux de m'avoir fait naître me présentait à ma mère, il n'a certainement pas remarqué que nous nous étions regardés, avec un regard complice.

Il ne s'agit pas ici de spiritualité. Comme je m'efforce de le dire, il n'y aurait pas d'esprit si l'homme ne s'était pas mis un jour à se couper en deux : le corps et l'esprit. Or l'esprit ne peut exister sans le corps, je dirai même que s'il existe il est partout dans le corps et ne peut être isolé qu'artificiellement. En redonnant à la matière sa vraie place, en lui faisant jouer son vrai rôle, il est possible de comprendre comment et pourquoi nous avons faussé la réalité, la nôtre et celle du monde. Le résultat fut d'engendrer une fausse image de la vie et de la mort puis de prendre peur devant nos images et de passer notre temps à fuir des chimères.

La méditation m'a permis de comprendre que nous étions dans une impasse, dans un monde fabriqué qui permettait à certains de prendre le pouvoir. Nous pouvons relire les légendes de différentes mythologies, elles convergent vers cette interprétation du changement, sur l'intervention du politique et du religieux. Sur le plan de la matière, ces pouvoirs n'existent pas. La matière est souveraine, parce qu'elle est à l'origine de tout, de toutes les associations possibles, celles de maintenant, celles de jadis et celles qui ne se sont pas encore manifestées. C'est la matière qui nous donne la force d'être, ce n'est pas l'homme qui fait naître la matière. Il ne peut que la transformer et son désir de pouvoir se limite à cela.

Le seul danger qui pourrait exister serait la destruction de l'espèce, de l'association que nous qualifions d'homme. Il faudrait que ses capacités d'adaptation soient mises en défaut, que sa procréation ne soit plus possible. Mais, même là il ne faudrait pas s'attrister en regrettant notre disparition. Il faudrait juste comprendre que l'ensemble des hommes redeviendrait de la matière en liberté, de la matière pouvant inventer d'autres associations !

Non ! La mort, quel que soit l'angle sous lequel on l'éclaire, ne peut être source d'angoisse. Si nous tenons compte de ce qu'elle représente réellement, si nous la délivrons de ses chaînes intellectuelles, politiques et religieuses, de toutes les idées qui en font un objet de commerce, nous ne pouvons plus la confondre avec la perte d'un pouvoir qui ne dépendrait que de nous et bien entendu des autres. La distinction des stoïciens n'est pas recevable sur le plan de la matière ! L'homme a voulu devenir responsable de l'association qui lui était confiée, mais cette responsabilité ne pouvait être que relative. En prenant la place de l'amour originel, responsable de la survie, l'homme s'est donné des droits, mais aussi des devoirs et il ne l'a pas encore compris si l'on en juge par l'état dans lequel se trouve le monde, la terre et les océans en particulier. Parce que l'homme s'est laissé piéger par son désir de pouvoir, il n'a pas pu contrôler son imagination et maîtriser le changement que son intelligence construisait jour après jour.

Je ne dirai pas qu'il faut tuer tous les dieux que nous avons inventés, ont ne tue pas des chimères. Il suffit de les prendre pour ce qu'ils sont, des idées. Les idées n'ont pas de consistance et ressemblent aux vents légendaires, aux fils d'Éole ! Laissons-les passer comme des nuages dans le ciel et nous ne subirons plus leur influence trompeuse.

L'homme s'est perdu en cherchant l'excellence. Il a seulement trouvé la démesure.
Il a voulu rivaliser avec les dieux, mais les dieux n'existaient pas si ce n'est dans sa volonté de puissance. Ne faudrait-il pas que l'homme oublie cette excellence divine, qui est un leurre, pour trouver une connaissance de soi plus réaliste. Les sciences nous trompent aussi parce qu'elles partent d'une origine fausse, d'un concept fabriqué, d'un enjeu de pouvoir. Si elles sont utiles dans le monde qu'elles ont fait naître en remplacement du monde originel, elles doivent être corrigées au moins dans leurs intentions, même si elles prétendent construire un monde

meilleur. Depuis qu'elles le transforment, nous devrions nous en apercevoir. Or, nous observons le contraire, juste en consultant l'histoire ou en regardant le quotidien.

En faisant de la mort un point d'arrêt sur une trajectoire que l'homme construit pas à pas, nous avons valorisé la création qui nous enivrait et nous laissait penser que nous étions capables de tout, y compris de fabriquer de la matière. Cette jubilation avait pour origine la survie et l'amour qui la rendait possible, mais notre orgueil nous a fait oublier qu'avant de créer de la matière nous étions de la matière. Or, la matière originelle est immortelle, la nôtre, ou plus exactement les associations qui la manifestent sont mortelles comme nous ! Il n'est pas nécessaire de passer par une immortalité divine pour le comprendre. Il ne s'agit pas de prendre la place des dieux pour devenir meilleurs, mais d'admettre nos limites, notre vrai rapport au monde. Notre maîtrise apparente du monde a fait de nous des apprentis sorciers et seule la mort nous fait reculer lorsque notre imagination s'emballe.

La difficulté se trouve dans notre incapacité à équilibrer l'amour et la guerre qui résident dans l'amour originel. Tant que nous observions le monde à l'aide de nos sens, nous étions bridés par leurs propres limites, mais, dès que nous avons préféré les remplacer par des idées, nous avons oublié le juste milieu que nous imposait le monde en équilibrant échecs et réussites dans chacun de nos actes.

L'erreur fondamentale fut de considérer l'homme comme un être particulier appelé à gouverner le monde. Aucune espèce ne peut gouverner le monde à partir de ses propres besoins, à partir de sa propre façon de survivre et de s'adapter. L'homme devrait seulement constater qu'il est impuissant devant les forces de la nature, que le monde a sa propre façon de survivre, qu'il n'existe pas de matière inanimée, que parler d'êtres vivants est une ineptie, une sorte d'arrogance, que le monde n'est pas seulement ce sur quoi nous marchons ! Expliquer la pesanteur est certainement utile, mais il ne faut pas oublier qu'elle n'existe pas parce que nous l'expliquons ! Toutes les explications que nous avons pu donner des forces de la nature ne sont que des outils qui nous permettent de survivre de mieux en mieux, mais qui ne changent pas la réalité, la virginité du monde. Après l'avoir combattu, nous l'avons enfanté avant de le violer. Qui, aujourd'hui est capable d'entendre ses plaintes, quel bûcheron écoute l'arbre qu'il tronçonne ? C'est ce rapport entre l'homme et le reste du monde qui s'est trouvé faussé et la recherche du pouvoir de l'homme sur l'homme n'a rien arrangé.

Le jour où nous comprendrons que fuir devant la mort est inutile et même harassant, nous profiterons de notre existence et du monde dans lequel nous nous trouvons. Nous voulons tout posséder au lieu de le partager avec les autres espèces et nous ne comprenons pas que nous sommes en cage comme les animaux que nous visitons pour nous assurer que nous sommes différents. La grille ne sépare que deux cages !

Rien ne peut changer dans le monde tel que nous l'avons imaginé, adapté à nos envies de pouvoir, tant que nous garderons une image faussée de la mort. Si elle correspond à la fin de nos désirs de pouvoir, elle est par contre le changement incontrôlable qui nous délivre de toute obligation, de tout asservissement, de toute dépendance, de toute illusion.

Comprenons donc que la mort ne nous attend pas comme un juge devant un tribunal ou comme un voleur caché dans l'ombre. Elle ne nous attend pas parce que nous la portons avec nous en permanence. Nous portons la vie comme nous portons la mort. Elles ne dépendent ni de notre volonté, ni de notre intelligence, ni de nos efforts d'interprétation.

Alors ! Cessons de fuir en abandonnant des idées qui n'ont toujours pas démontré leur capacité à transformer le réel, autrement dit à faire disparaître la mort !

LE MOT DE LA FIN

Sortons de notre prison autrement dit d'un mot qui nous empoisonne la vie. Comme une ombre qui rode autour de nous, il nous enveloppe dans une inquiétude lancinante qui nous empêche de voir la vie telle qu'elle est. Du moins, telle qu'elle serait si nous n'avions pas multiplié des connaissances qui sont autant de portes de bronze nous interdisant de revenir à nos origines. Je dis nos parce qu'elles sont aussi nombreuses que les atomes qui se sont associés pour nous donner une forme, c'est-à-dire donner naissance à notre espèce.

Notre intelligence est fort utile dans le monde que nous avons imaginé et construit, mais elle est incapable de nous transporter dans le monde des atomes, disons de nos cellules, ce qui serait déjà suffisant pour ne plus dépendre constamment d'une raison ou d'une prise de conscience qui nous servent de lumière pour explorer l'inconnu. Or cette lumière, comme celle du soleil, ne peut nous montrer que ce que nous savons regarder. Nous ne sommes plus, depuis longtemps, des observateurs de la nature, telle qu'elle existait avant que nous ne la découvrions, mais des observateurs d'une nature que nous avons disséquée pour mieux la dominer. En réalité, nous dominons des formes, nous ne dominerons jamais des atomes !

Nous avons agi de la sorte pour survivre, mais nous avons aussi fermé la porte à de nombreuses connaissances qui pourraient nous apprendre que nous avons choisi un chemin d'exploration et qu'il en existe d'autres. Parce que les connaissances sont à la racine des pouvoirs qui permettent à certains d'entre nous de gouverner le monde et les formes qui l'habitent, ces autres approches de l'inconnu sont devenues des obstacles ou des embryons de révoltes.

Cela dit, ne plus connaître au sens utilitaire du terme serait une erreur. Il est préférable de comprendre que la connaissance, telle que nous l'avons développée, est un produit de notre nature et qu'il serait plus utile, pour notre bien-être, de ne pas faire confiance uniquement à nos facultés intellectuelles. Depuis que nous existons, nous sommes capables de percevoir le monde à l'aide de notre corps et c'est ce que nous avons perdu l'habitude de faire. Peut-être n'avons-nous pas voulu contredire ceux qui nous vantaient les compétences de notre cerveau pour mieux nous contraindre[47] ?

L'histoire nous permet de comprendre comment nous avons survécu en dominant d'abord les espèces les plus vulnérables, puis nos semblables que nous n'avons pas hésité à exterminer lorsqu'il le fallait. Après cela, nous pouvons parler d'amour ! Nous sommes loin de l'amour originel et j'aurais tendance à penser qu'il a été le premier à subir les effets d'une recherche de pouvoir. Zeus symbolise assez bien la fin de cet amour originel que les femmes se contentaient de donner.

Je crois sincèrement que l'homme pourrait sortir de son impasse s'il acceptait de vivre, sans les évaluer ou les imposer, d'autres formes d'approches de l'inconnu. Or, la mort appartient à l'inconnu et c'est parce que nous n'en avons retenu qu'une définition intellectuelle, rationnelle, consciente qu'elle nous est par moments intolérable

Il me semble qu'il me revient le devoir de conclure cette approche par une interprétation personnelle qu'il me serait agréable, bien entendu, de partager.

La mort n'est pas un obstacle qu'il faudrait s'efforcer de contourner ou de détruire, les deux options étant ridicules et seulement dépendantes de croyances incapables d'apporter le bonheur à ceux qui les ruminent, même inconsciemment.

---

[47] Il faut lire le livre de Marlo Morgan *Message des hommes vrais*. Paris, Albin Michel, 1995, pour le comprendre.

La mort ne nous interdit pas d'accéder à l'immortalité pour la simple raison que cette dernière n'existe qu'en amont de toutes les formes qui manifestent la vie.

À partir du moment où nous existons, je ne dis pas nous vivons, nous voyageons entre deux états : la fin de l'existence et la non-existence. C'est parce que nous nous sommes attachés à observer ce qui se passait entre le début et la fin de l'existence, autrement dit le changement, que nous avons fait de la mort une sorte de condamnation insupportable. Nous ne nous sommes pas interrogés avec la même opiniâtreté sur le moment où nous étions sur le point de nous manifester.

Comme nous avions d'énormes difficultés à observer la mort elle-même, nous avons utilisé tous les détours possibles pour nous en donner une idée acceptable ou même encourageante en faisant d'elle une porte qui s'ouvrait sur un monde meilleur. Nous avons fantasmé sur des possibles en oubliant l'essentiel : la nature du non existant.

Nous ne nous sommes pas interrogés sur cet état qui pourrait passer pour le contraire de l'existant, mais qui, en fait, est un état totalement différent et même incomparable. Le changement nous a aveuglés tout en nous conduisant dans une impasse et la peur grandissante de ne pas pouvoir en sortir. La mort serait le mur contre lequel se briseraient tous nos efforts de changement et notre volonté de puissance.

Premier constat : il suffit de ne plus vouloir dominer le monde, les autres, soi-même, pour ne plus penser à la mort sous la forme d'un mur ou d'un trou béant dans lequel on chuterait sans pouvoir se retenir à quoi que ce soit.

Avec des idées, orientées vers des lendemains qui chantent, selon l'expression, nous avons inventé tous les chemins qui conduisent vers ce mur et si le changement nous apparaît souvent comme source de bien-être, il apparaît aussi comme créateur de misère et d'angoisse.

Bien sûr, un tel abandon est impensable et même contraire à notre nature. Parce que nous existons, nous ne pouvons que désirer et lutter, notre manifestation nous conduisant à chercher le pouvoir, à dominer. Mais, c'est ainsi que nous avons fait de la mort une défaite d'autant plus cruelle qu'elle ne peut être ni discutée ni évitée.

Pour ne plus être empoisonné par ce mot, car la mort est surtout un mot qui nous dérange, nous obsède parfois, il faut sortir de l'illusion d'un quelconque pouvoir que nous aurions sur le changement. Il nous est imposé par la nature même de notre manifestation, la nature de notre être, nous ne pouvons pas agir sur lui d'une façon ou d'une autre. Nous croyons le maîtriser depuis que nous nous efforçons de dominer le monde et il suffit de regarder autour de nous pour nous apercevoir que nous ne maîtrisons rien et surtout pas nous-mêmes.

Nous avons cru que notre besoin de combat, qui dépendait de la survie, était le fruit de notre volonté. Cela nous encourageait peut-être à lutter, mais nous avons oublié de nous interroger sur la nature de nos adversaires. Disons simplement que nous avons oublié qu'ils étaient tous des associations d'atomes, comme nous, des manifestations de la vie, des êtres changeants et que leur destruction ne pouvait en aucun cas nous permettre de connaître une vie éternelle, une immortalité divine, ou ne plus avoir à subir la mort. L'immortalité humaine est une aberration !

Parce que nous avons négligé la mort, que nous l'avons isolée à l'aide d'un mot sans grande consistance, parce que nous avons développé la lutte comme si nous l'avions inventée, nous avons cru maîtriser la mort en la donnant de multiples façons.

Je ne parle pas seulement de la donner à des êtres qui nous ressemblent, je pense aussi à la mort que nous avons infligé à toutes les formes que nous considérions comme devant se plier à nos caprices. Qui, en coupant une fleur sur le bord du chemin, parce qu'il la trouve belle, comprend qu'il la tue ? Quel chasseur, exclusivement soucieux de son plaisir, s'interroge sur la mort qu'il délivre comme pouvaient le faire des monarques abusant de leur pouvoir ? La mort n'est-elle pas devenue essentiellement l'accessoire de tous ceux qui veulent commander ? Il y aurait aussi la mort que l'on donne parce que l'on a peur de la recevoir, mais a-t-on pensé que cette peur était souvent due à la méconnaissance de l'adversaire ? La vipère qui pique parce qu'elle est dérangée dans son habitat ne cherche pas à donner la mort, elle souhaite simplement exister à sa façon ! Nous avons brulé la folie avant d'essayer de la soigner, mais que soigne-t-on ?

C'est bien parce que nous voulons exister que nous luttons en nous efforçant d'imposer des règles à tous ceux qui ne sont pas nos associés. Il faudrait se souvenir que tout ce que nous observons a pour fondement une association et que cette association éprouve le besoin de survivre, donc d'aimer et de combattre tout obstacle à ses amours. Peut-être pourrions-nous méditer sur cet amour et le fait que nous sommes une association. Nos choix de vie ne conduisent-ils pas souvent à des luttes d'influence au sein de nos organes qui sont associés pour nous faire exister, luttes que nous ignorons tant que la maladie ne les dévoile pas ? Parce que nous avons tout misé sur l'intelligence, la conscience, la volonté nous ne prenons en charge que des responsabilités relationnelles, jamais ou rarement nos responsabilités en ce qui concerne la méconnaissance de nos organes et de leur qualité de vie, de nous-mêmes en définitive.

Alors, lorsque la mort intervient elle ne peut que mettre un terme à nos besoins de gouvernement. Elle est bien ce mur contre lequel nous nous efforçons de ne pas nous écraser. Oh, je sais que nous avons depuis très longtemps imaginé la possibilité de le traverser, mais pour aller où ? Puisque notre imagination a inventé cette possibilité, c'est elle qui est à la manœuvre pour inventer une suite et c'est bien l'imagination qui l'emporte, parfois l'autosuggestion, pour nous faire voyager dans un monde qui n'existe pas.

Or, ce monde existe, mais nous n'avons pas encore compris que nous en venions avant d'y retourner.

C'est le monde des atomes, un monde de totale liberté où aucun pouvoir ne dicte sa loi à qui que ce soit. Ce monde est dominé par l'amour originel, un amour qui ne saurait se démultiplier en amours évaluables ou soumis à une hiérarchie. C'est cet amour qui pousse les atomes à s'associer pour manifester la vie. C'est parce que les atomes sont différents de nature que leur amour peut conduire à ce qui pourrait ressembler à des choix. En réalité lorsque les atomes peuvent s'unir ils le font naturellement, spontanément.

Il ne faut pas considérer la mort comme une séparation tout aussi spontanée ou croire que l'amour peut ne plus exister. La mort n'est pas due à un manque d'amour, mais à un contexte défavorable qui ne permet plus à des atomes de rester unis comme ils le voulaient. Pour le comprendre, il faut surtout commencer par ne pas confondre les atomes en liberté dans un monde sans frontières et sans limites et les atomes associés plongés dans un monde fini, manifestant la vie sous des formes variées et soumises à la survie pour chacune d'entre elles.

Ce que nous observons n'est pas la mort en soi, mais la mort des formes qui ne peuvent plus survivre pour diverses raisons. Alors que les atomes ne meurent pas, qu'ils sont éternellement capables de s'associer, c'est sous l'aspect d'une forme qu'ils semblent disparaître et c'est ce que nous n'avons pas pris en compte en faisant de la mort un obstacle à notre volonté de puissance. Il faudrait relire Épicure, la lettre à Hérodote qui traite des atomes, mais aussi la lettre à Ménécée qui aborde le problème de la mort. Pour Épicure, le sage n'est pas affligé par la mort qu'il qualifie de non-vie. Il ne pense pas que la non-vie soit un mal. Au contraire, le sot craint la mort non parce qu'elle l'afflige lorsqu'elle est là, mais parce qu'elle l'afflige par la seule idée qu'elle sera là un jour ou l'autre. On peut retenir cette explication simple et claire :

« *La mort qui, lorsqu'elle est là, ne nous cause pas d'embarras, provoque une affliction vide lorsqu'on l'attend.* »

Et il ajoute :

« *Tant que nous sommes, la mort n'est pas là, et une fois que la mort est là, nous ne sommes plus. Ainsi elle n'a pas de rapport ni avec les vivants, ni avec les morts puisque pour les uns, elle n'est pas, tandis que les autres ne sont plus.* [48] »

Notre angoisse existentielle en ce qui concerne la mort est due essentiellement à notre désir d'immortalité ce que souligne Épicure dans la même lettre. Or ce désir est bien un produit de

---

[48] ÉPIUCURE *Lettres, maximes, sentences*. Traduction, introduction et commentaires par J.F. BALAUDE. Paris, Livre de Poche, 1994, p.193.

notre imagination ou plus encore d'une volonté de puissance qui n'a cessé de se développer sous de multiples formes. L'échec ou l'impression permanente d'échec vient du fait que l'homme, si attentionné soit-il pour gouverner le monde, ne peut que gouverner un monde imaginaire, son image et non sa réalité. Il a cru, en le transformant, en faisant disparaître ce qui le dérangeait qu'il le maîtriserait au point de le soustraire à l'influence du temps. Rechercher l'immortalité, c'est refuser d'être l'esclave du temps. Pour ne plus l'être, il faudrait lui échapper et c'est pourquoi l'homme a inventé toutes sortes de voyages que j'ai considérés comme insensés dans un autre ouvrage.

Notre intelligence ne peut pas opposer le temps qu'elle utilise pour mieux évaluer le changement et le non-temps qui peut être perçu dans certaines conditions, dans la méditation par exemple. Il apparaît clairement, pour celui qui ne cherche plus rien, comme le demande le lama Guendune, que le temps perd sa valeur alors que les aiguilles des horloges continuent à tourner. Il s'agit bien d'une non-prise de conscience du temps ce qui ne saurait être l'équivalent de l'immortalité.

Le plus important est certainement le fait de pouvoir s'apercevoir que le temps nous enchaîne parce que nous le voulons bien ou que nous ne pouvons pas en éviter les conséquences dans un monde que nous avons volontairement associé au temps linéaire. La mort est liée au temps linéaire et c'est pourquoi nous avons cru qu'il serait possible d'aller au-delà du temps, de lui échapper entièrement et d'être immortel.

J'ajouterai que l'immortalité n'est pas liée au temps, mais à l'usage que nous en faisons, à l'idée que rien n'existe en dehors du temps. .Elle est aussi liée à la prise de conscience du temps !

C'est parce que l'homme prend conscience du changement en lui-même et autour de lui qu'il se croit poursuivi par la mort et recherche l'immortalité. Il pense qu'en dominant le changement, en le décidant, il peut vaincre la mort qui n'est qu'une conséquence du temps. C'est sa conscience qui le trompe parce qu'elle repose sur son imagination et sur sa volonté de puissance.

Lorsqu'il vit une expérience dans laquelle sa volonté est mise en défaut et pendant laquelle il vit autrement son rapport au monde, l'individu découvre que sa conscience lui apporte de nouvelles informations, une nouvelle image du monde. Or cette vision du monde est souvent refoulée, écartée au bénéfice de la raison qui semble remise en question. Nous n'avons pas le droit d'apparaître déraisonnables !

Ce qui surprend souvent, dans l'extase ou le satori est une absence d'identité, de distinction par rapport à l'espace ou par rapport au temps. L'homme qui vit l'expérience continue à penser, à mémoriser avec son corps, il pense autrement ! Il retrouve le tout dont la raison l'a éloigné.

Il est probable que l'homme ayant fait cette expérience il y a bien longtemps ait cherché à la traduire en l'attribuant à des puissances surnaturelles, à des dieux. Comment n'aurait-il pas éprouvé le désir de revivre une telle approche dénuée d'inquiétudes, de besoins de combats ? Comment n'aurait-il pas imaginé qu'il vivait comme les dieux et qu'il avait découvert un autre monde, celui de l'immortalité ?

Disons que la mort découlerait de cette illusion. L'homme qui vit une extase, aimerait bien en vivre d'autres et si possible de plus en plus longues. De là des méthodes pour essayer d'échapper au temps et au stress qu'il fait naître ! De là des méthodes pour essayer de prendre le chemin de l'immortalité ! De là des pouvoirs qui se sont arrogé la capacité de nous conduire ! De là notre angoisse vis-à-vis d'une mort programmée !

Non, la mort n'est ni une punition ni une faiblesse, elle n'est rien de ce que notre imagination peut produire pour tenter de l'expliquer, parce qu'elle devient alors le contraire de notre soif de pouvoir. Que notre besoin de commander soit naturel ou dépende de la survie, cela n'implique pas que nous prenions exemple sur la nature pour la détruire, la nature incluant toutes les formes et donc l'homme. Depuis que nous organisons le changement pour dominer et non pour survivre, nous avons fait de la mort un épouvantail et nous nous inclinons devant sa toute-puissance. Bien entendu, pour justifier cette domination nous avons inventé des divinités, des puissances qui nous apparaissent de plus en plus contraignantes.

Nous sommes seuls responsables de nos angoisses de mort et cela parce que nous lui donnons une importance qu'elle n'a pas naturellement, importance que nous lui accordons à partir de nos intérêts tout en nous efforçant d'en voiler l'existence. Parce qu'elle n'a pas de réalité propre, nous lui donnons toutes celles qui nous sont utiles pour dominer une vie difficile ou le monde qui nous l'impose, le monde tel que je le conçois fait de toutes les formes qu'il représente.

Parce que nous voulons tout savoir pour mieux gouverner, nous existons dans un monde qui dépend de nos efforts d'analyse. La vie, telle que nous la comprenons, est une interprétation du réel et la mort, qui lui correspond, n'est qu'une remise en question de l'ensemble des cultures qui donnent du sens à l'existence. La mort n'est qu'un mot qui dépend de nos savoirs, elle n'existe pas. Nous confondons la mort et le phénomène qui met un terme à l'existence.

La mort atteint l'homme qui voudrait être conscient de tout et ne le peut parce que la conscience est un produit de l'intelligence. Parce qu'il a négligé son corps, autrement dit les atomes qui lui assurent une forme, l'homme a perdu la possibilité de connaître la mort elle-même. Il ne peut qu'en connaître l'idée qu'il a façonnée avec son esprit.
Incapable d'observer et de prendre conscience de quoi que ce soit l'homme qui n'existe plus, selon sa propre interprétation, redevient des atomes en liberté, totalement irresponsables, mus par l'amour et les plaisirs de la rencontre.

BIBLIOGRAPHIE

ALAIN *Les dieux. Suivi de mythes et fables et de préliminaires à la mythologie*. Paris, Gallimard, 1985.
ALEXANDER F.J. *Le royaume intérieur*. Paris, Maisonneuve, 1948.
APULÉE *L'âne d'or ou Les Métamorphoses*. Paris, Gallimard, 1975.
ARIÈS PH. *Essais sur l'histoire de la mort en Occident du Moyen Âge à nos jours*. Paris, Seuil, 1975.
ARNOLD P. *Avec les sages du japon. L'expérience psychique*. Paris, Fayard, 1972.
AURIOL B. *Yoga et psychothérapie, les apports du yoga à l'équilibre humain*. Privat, Agir, 1977.
AUROBINDO *Le yoga de la Bhagavad Gîtâ*. Pondichéry, Tchou, 1969.
AUROBINDO *Le secret du Véda*. Paris, Fayard, 1975.
AUROBINDO *De la Grèce à l'Inde*. Paris, A. Michel, 1976.
AUROBINDO *Renaissance et Karma*. Monaco, E. du Rocher, 1983.
AVALON A. *La puissance du serpent*. Paris, Deroy, 1977.
BACHELARD G. *L'eau et les rêves, essai sur l'imagination de la matière*. Paris, J. Corti, 1942.
BACHELARD G. *L'air et les songes, essai sur l'imagination du mouvement*. Paris, J. Corti, 1943.
BACHELARD G. *La terre et les rêveries du repos*. Paris, J. Corti, 1948.
BACHELARD G. *La psychanalyse du feu*. Paris, Gallimard, 1949.
BARBARIN G. *L'après-mort. Le grand problème de l'au-delà*. Paris, Astra, 1951.

BARDOLLET L. *Les mythes, les dieux et l'homme. Essai sur la poésie homérique*. Paris, Les belles lettres, 1997.
BAYER R. *Histoire de l'esthétique*. Paris, Armand Colin, 1961.
BELFIORE J. Cl. *Dictionnaire des croyances et symboles de l'Antiquité*. Paris, Larousse, 2010.
BELLUGUE P. *À propos d'art de forme et de mouvement*. Paris, Maloine, 1967.
BENOIST L. *Signes, symboles et mythes*. Paris, PUF, 2011.
BENSABAT Dr S. *Stress*. Paris, Hachette, 1980.
BERGSON *L'énergie spirituelle*. Paris, Alcan, 1944.
BERGSON *La pensée et le mouvement*. Paris, Alcan, 1946
BERGSON *Essai sur les données immédiates de la conscience*. Paris, Alcan (1888) 1948.
BERNARD CL. *Introduction à l'étude de la médecine expérimentale*. Paris, Delagrave, (1865) 1900.
BERNHEIM Dr H. *Automatisme et suggestion*. Paris, Félix Alcan, 1917.
BERT P. *La machine humaine*. Paris, Hachette, 1868.
BERTRAM É. *Nietzsche. Essai de mythologie*. Paris, Rieder, 1932.
BERGSON H. *L'énergie spirituelle*. Paris, PUF, 1919.
BETTINI M. GUIDORIZZI G. *Le mythe d'Œdipe*. Paris, Belin, 2010.
BICHAT Dr X. *Recherches physiologiques sur la vie et sur la mort*. Paris, Brosson, Garon et Cie, An 8.
BOKAR R. *L'aube du Mahamoudra. Esprit, Méditation et Absolu*. Vernègues, Claire Lumière, 1991.
BOURDIEU P. PASSERON J.C. *La reproduction*. Paris, Les Éditions de Minuit, 1970.
BOYER P. *Et l'homme créa les dieux. Comment expliquer la religion*. Paris, Gallimard, 2001.
BRÉHIER É. *Histoire de la philosophie. Tome I/ Antiquité et Moyen Âge*. Paris, PUF, 1987.
BROSSE J. *Satori*. Paris, Albin Michel, 1984.
BROSSE J. *Les Maîtres zen*. Paris, Bayard, 1996.
BROSSE J. *Mythologie des arbres*. Paris, Payot, 2001.
BROSSE Dr TH. *La « Conscience Énergie » structure de l'homme et de l'univers*. Sisteron, Aubard, 1984.

BROSSE Dr TH. *Sri Aurobindo-mère : Shiva-Shakti ou le laboratoire de l'homme de demain.* Paris, Dervy-Livres, 1984.
BRUNTON P. *Le sentier caché. Méthode pour la découverte spirituelle de soi-même.* Paris, Victor Attinger, 1949.
BURKERT W. *Les cultes à mystères dans l'Antiquité.* Paris, Les Belles Lettres, 2003.
CAILLOIS R. *Le mythe et l'homme.* Paris, Gallimard, 1938.
CAILLOIS R. *L'homme et le sacré.* Paris, Gallimard, 1950.
CANGUILHEM G. *Le normal et le pathologique.* Paris, PUF, 1966.
CAPRA F. *Le Tao de la physique.* Paris, TCHOU, 1979.
CARLIER CH. GRITON-ROTTERDAM N. *Des mythes aux mythologies.* Paris, Édition Marketing, 1994.
CARREL A. *L'homme cet inconnu.* Paris, Plon, 1935.
CARTON DR P. *Les lois de la vie saine.* Paris, Maloine, 1926.
CAYCEDO Dr A. *L'aventure de la sophrologie.* Paris, Retz, 1979.
CAZENAVE M. *Science et conscience. Les deux lectures de l'univers.* Colloque de Cordoue. Paris, Stock, 1980.
CAZENAVE M. *Sciences et symboles Les voies de la connaissance.* Colloque de Tsukuba. Paris, Albin Michel, 1986.
CHARON J. *L'esprit et la science.* Colloque de Fes. Paris, Albin Michel, 1983.
CHARON J. *J'ai vécu quinze milliards d'années.* Paris, Albin Michel, 1983.
CHARON J. *Imaginaire et réalité.* Colloque de Washington. Paris, Albin Michel, 1985.
CHARON J. *Le monde éternel des éons.* Monaco, Éditions Le Rocher, 1987.
CHARCOT Dr JM. PITRES Dr A. *Les démoniaques dans l'art.* Paris, Delahaye, 1887.
CHAUCHARD Dr P. *Physiologie de la conscience.* Paris, PUF, 1977.
CHAUCHARD Dr P. *Le cerveau humain.* Paris, PUF, 1980.
CHAUCHARD Dr P. DESHIMARU T. *Zen et cerveau.* Paris, Le courrier du livre, 1976.
CHEVALIER J., GHEERBRANT A. *Dictionnaire des Symboles.* Paris, R. Laffont, 1982.

CHUVIN P. *La mythologie grecque. Du premier homme à l'apothéose d'Héraclès.* Paris, Flammarion, 1998 (1ère Édition, Fayard, 1992).

COMTE F. *Les héros mythiques et l'homme de toujours.* Paris, Seuil, 1993.

CORBIN H. *L'homme et son ange. Initiation et chevalerie spirituelle.* Paris, Fayard, 1983.

COUBERTIN P. de *L'éducation en Angleterre.* Paris, Hachette, 1888.

COUBERTIN P. de *Essais de psychologie sportive.* Paris, J. Million, 1992 (1913).

COUBERTIN P de *Mémoires olympiques.* Paris, EPS 1996 (1931).

COUE E. *La maîtrise de soi-même par l'autosuggestion consciente.* Paris, Oliven, 1938.

DALAI LAMA *Vaincre la mort et vivre une vie meilleure.* Paris, Plon, 2003.

DANIÉLOU A. *La fantaisie des dieux et l'aventure humaine.* Monaco, Éditions du Rocher, 1996.

DANIELOU A. *Shiva et Dionysos.* Paris, Fayard, 1979.

DANIELOU A. *Mythes et dieux de l'Inde. Le polythéisme hindou.* Paris, Flammarion, 1992.

DARAKI M. *Dionysos et la déesse terre.* Paris, Flammarion, 1994.

DAREMBERG CH. *État de la médecine entre Homère et Hippocrate.* Paris, Didier, 1869.

DAVID-NEEL A. *Le Bouddhisme du Bouddha.* Monaco, Le Rocher, 1977.

DAVY M.M. *La connaissance de soi.* Paris, PUF, 1966.

DAVY M. M. *Le désert intérieur.* Paris, Albin Michel, 1985.

DAVY M. M. *L'homme intérieur et ses métamorphoses.* Paris, A. Michel, 2005.

DAVY M. M. DESJARDINS A. MORIN E. RANDOM M. *L'Orient intérieur.* Paris, A. Michel, 1998.

DEMENY G. *Physiologie des professions : le violoniste.* Paris, Maloine, 1905.

DESHIMARU T. *Vrai zen.* Paris, Le courrier du livre, 1969.

DESHIMARU T. *La pratique du zen.* Paris, Seghers, 1974.

DESHIMARU T. *Le chant de l'immédiat satori*. Traduction et commentaire. Paris, Albin Michel, 1978.
DESHIMARU T. IKEMI Y. *Zen et self-control, des thérapies nouvelles à la méditation*. Paris, Retz, 1985.
DESJARDINS A. *À la recherche du soi : au-delà du moi*. Paris, La Table Ronde, 1979.
DESJARDIN D. *De naissance en naissance*. Paris, La table ronde, 1977.
DETIENNE M. *L'invention de la mythologie*. Paris, Gallimard, 1981.
DETIENNE M. *Dionysos à ciel ouvert*. Paris, Hachette 1998.
DETIENNE M. *Les Grecs et nous*. Paris, Perrin, 2005.
DETIENNE M. *Les dieux d'Orphée*. Paris, Gallimard, 2007.
DETIENNE M. *Les jardins d'Adonis*. Paris, Gallimard, 2007.
DIEL P. *La divinité. Le symbole et sa signification*. Paris, Payot, 1991.
DIEL P. *Le symbolisme dans la mythologie grecque*. Paris, Payot et Rivages, 2002.
DILGO KHYENTSE R. *Au seuil de l'éveil*. Saint-Léon-sur-Vézère, Éditions Padmakara, 1991.
DIODORE DE SICILE *Mythologie des Grecs*. Paris, Les belles lettres, 2004.
DODDS E. R. *Les Grecs et l'irrationnel*. Paris, Flammarion, 1977.
DOGEN *Polir la lune et labourer les nuages*. Paris, Albin Michel, 1998.
DROZ G. *Les mythes platoniciens*. Paris, Seuil, 1992.
DUBUISSON D. DUMEZIL, LÉVI-STRAUSS, ELIADE M. *Mythologies du XXe siècle*. P.U. Lille, 1993.
DUFRENNE M. *La personnalité de base*. Paris, PUF, 1953.
DUFRENNE M. *Phénoménologie de l'expérience esthétique*. Paris, PUF, 1953.
DUMAZEDIER J. *Vers une civilisation du loisir ?* Paris, Seuil, 1962.
DUMEZIL G. *Heur et malheur du guerrier*. Paris, Flammarion, 1985.
DUMEZIL G. *Mythes et dieux des Indo-Européens*. Paris, Flammarion, 1992.
DUMÉZIL LÉVI-STRAUSS ELIADE *Mythologie du XXe siècle*. Lille, Presses Universitaires, 1993.

DURKHEIM K.G. *Pratique de la voie intérieure. Le quotidien comme exercice.* Paris, Le courrier du Livre, 1968.
DURKHEIM K.G. *Hara, centre vital.* Paris, Le courrier du livre, 1974.
DURKHEIM K.G. *Le zen et nous.* Paris, Le courrier du livre, 1976.
DURKHEIM K.G. *Méditer. Pourquoi et comment.* Paris, Le courrier du Livre, 1976.
DUTHEIL B. *L'univers superlumineux. Voyage au pays de l'immortalité.* Paris, SAND, 1994.
ECKHART *Œuvres de Maître Eckhart.* Paris, Gallimard, 1987.
EISSEN A. *Les mythes grecs.* Paris, Belin, 1993.
ELIADE M. *Le yoga.* Paris, Payot, 1954.
ELIADE M. *Mythes, rêves et mystères.* Paris, Gallimard, 1957.
ELIADE M. *Le sacré et le profane.* Paris, Gallimard, 1965.
ELIADE M. *La nostalgie des origines.* Paris, Gallimard, 1969.
ELIADE M. *Le mythe de l'éternel retour.* Paris, Gallimard, 1969.
ELIADE M. *Traité d'histoire des religions.* Pais, Payot, 1970.
ELIADE M. *Images et symboles.* Paris, Gallimard, 1980.
EMMANUEL R. *Pleins feux sur la Grèce Antique. La mythologie vue par les Écoles des Mystères.* Paris, R. André, 1963.
FLAMMARION C. *La mort et son mystère III Après la mort.* Paris, Ernest Flammarion, 1922.
FREUD A. *Le moi et les mécanismes de défense.* Paris, PUF, 1975.
FREUD S. *L'interprétation des rêves.* Paris, PUF, 1967
FREUD S. *La vie sexuelle.* Paris, PUF, 1992.
FREUD S. *Trois essais sur la théorie de la sexualité.* Paris, Points, 2012.
FREUD S. *Le rêve et son interprétation.* Paris, Gallimard, 1985.
FRIEDMANN G. *Le travail en miettes.* Paris, Gallimard, 1964.
FROGER J. F. *La voie du désir selon le mythe « éros et psyché ».* Nouvellement traduit du latin par B. Verten. Méolans-Revel, Désiris, 1997.
GERNET L. *Anthropologie de la Grèce antique.* Paris, Flammarion, 1995.
GLEICK J. *La théorie du chaos. Vers une nouvelle science.* Paris, A. Michel, 1989.
GRANT M. HAZEL J. *Le Who's Who de la mythologie. Les dieux, les héros, les légendes.* Paris, Seghers, 1975.

GRASSET DR J. *L'hypnotisme et la suggestion.* Paris, Doin, 1909.
GRAVELAINE J. de *La Déesse sauvage. Les divinités féminines : mères et prostituées, magiciennes et initiatrices.* Saint Jean de Braye, Dangles, 2005.
GRIMAL P. *Dictionnaire de la mythologie grecque et romaine.* Paris, PUF, 1991 (11e édition).
GRIMAL P. *La mythologie grecque.* Paris, PUF, Quadrige, 2011 (1953).
GROF S. *Les nouvelles dimensions de la conscience.* Monaco, Éditions Le Rocher, 1989.
GUENDUNE R. *Maître et disciple.* Saint-Léon-sur-Vézère, Dzambala, 1996.
GUENDUNE R. *Mahamoudra. Le « Grand Sceau », voie de la compassion et de la dévotion du bouddhisme tibétain.* Saint-Léon-sur-Vézère, Jean Claude Lattès, 1997.
GUSDORF G. *La vertu de la force.* Paris, PUF, 1967.
GUSDORF G. *Mythe et métaphysique. Introduction à la philosophie.* Paris, Flammarion, 1984.
GYATSO T. *Méditation sur l'esprit.* Paris, Dervy, 2001.
HERBERT J. *Spiritualité hindoue.* Paris, A. Michel 1972.
HERRIGEL E. *Le zen dans l'art chevaleresque du tir à l'arc.* Paris, Dervy-Livres, 1983.
HERRIGEL E. *La voie du zen suivi de pratique du bouddhisme zen.* Paris, Maisonneuve et Larose, 1997.
HÉSIODE *Théogonie. La naissance des dieux. Précédé d'un essai de J. P. Vernant.* Paris, Flammarion, 1993.
HÉSIODE *La théogonie, Les travaux et les jours, et autres poèmes.* Paris, Librairie Générale de France, 1999.
HIÉROCLÈS *Commentaires sur les vers d'or des Pythagoriciens.* Traduction avec prolégomènes et notes de Mario Meunier. Paris, E. de la Maisnie, 1979.
HISTORIA Spécial *Le monde d'Ulysse.* Janvier Février 2010.
HOMÈRE *Odyssée.* Préface de Paul Claudel. Paris, Gallimard, 1955.
HOMÈRE *Iliade.* Préface Vidal-Naquet. Paris, Gallimard, 1975.
HOMÈRE *Des héros et des dieux.* Traduction F. Rosso. Paris, arléa, 1993.

HUARD P. WONG M. *Sciences et techniques de l'Asie.* Paris, Berg, 1971.
JACQUEMARD S. *Trois mystiques grecs. Orphée, Pythagore, Empédocle.* Paris, Albin Michel, 1997.
JACQUEMARD S., BROSSE J. *Orphée ou l'initiation mystique.* Paris, Bayard, 1998.
JAMES W. *Précis de psychologie.* Paris, Rivière et Cie, 1910.
JAMES E.O. *Le culte de la Déesse Mère dans l'histoire des religions.* Paris, Le Mail, 1989.
JUNG C. G. *L'âme et la vie.* Introduction de M. Cazenave. Préface de J. Jacobi. Paris, Buchet/Chastel, 1963.
JUNG C. G. *L'homme à la recherche de son âme.* Préface et adaptation du Dr R. Cahen. Paris, A. Michel, 1987.
JUNG C. G. *La vie symbolique. Psychologie et vie religieuse.* Paris, A. Michel, 1989.
JUNG C. G., KERENYI Ch. *Introduction à l'essence de la mythologie.* Paris, Payot, 2001.
KALOU R. *La voie du Bouddha selon la tradition tibétaine.* Paris, Seuil, 1993.
KUBLER–ROSS E. *La mort : porte de la vie.* Monaco, Éditions Le Rocher.
LABORIT H. *L'agressivité détournée.* Paris, UGE, 1970.
LAPLANCHE J. PONTALIS J.B. *Vocabulaire de la psychanalyse.* Paris, PUF, 1967.
LA ROCHETERIE J. *La symbologie des rêves.* Le corps humain. Paris, IMAGO, 1984.
LACARIÈRE J. *Au cœur des mythologies.* Édition du Félin, 1998.
LAGRANGE Dr F. *Physiologie des exercices du corps.* Paris, Félix Alcan, 1888.
LAVELLE L. *L'erreur de Narcisse.* Paris, Grasset, 1939.
LEFÉBURE Dr F. *Expériences initiatiques.* Paris, Omnium lit. 2 Tomes, 1954-1956.
LEFÉBURE Dr F. *La respiration rythmique et la concentration mentale.* Paris, Le Courrier du Livre, 1966.
LERÈDE J. *Les troupeaux de l'aurore. Mythes, suggestion créatrice et éveil surconscient.* Paris, Delachaux et Niestle, 1980.
LEREDE J. *La suggestopédie.* Paris, PUF, 1983.
LEROI GOURHAN *Le geste et la parole.* Paris, Alban Michel, 1965.

LÉVÊQUE P. *L'aventure grecque*. Paris, A. Colin, 1964.
LÉVÊQUE P. *Introduction aux premières religions. Bêtes, Dieux et Hommes*. Paris, Le Livre de Poche, 1997.
LORENZ K. *L'agression, une histoire naturelle du mal*. Paris, Flammarion, 1969.
LYSEBETH A. *Pranayama, la dynamique du souffle*. Paris, Flammarion, 1971.
MAETERLINCK M. *La mort*. Miré, Presses d'ACTI 3000, 2001.
MAHARSHI R. *L'enseignement de Ramana Maharshi*. Paris, Albin Michel, 1972.
MARCUSE H. *Éros et civilisation*. Paris, Les Éditions de Minuit, 1963.
MAREY Dr E. J. *La machine animale, locomotion terrestre et aérienne*. Paris, Masson, 1873.
MARROU H. I. *Histoire de l'éducation dans l'Antiquité*. Paris, Seuil, 1955.
MARTIN Dr P. *Le sport et l'homme*. Genève, P. Cailler, 1948.
MAUSS M. *Sociologie et Anthropologie*. Paris, PUF, 1950.
MONROE R.A. *Le voyage hors du corps. Les techniques de projection du corps astral*. Monaco, Éditions du Rocher, 1989.
MOODT DR R. *La vie après la vie*. Paris, R. Laffont, 1975.
MORGAN M. *Message des hommes vrais. Au monde mutant*. Paris, Albin Michel, 1995.
MORIN Ed. *L'homme et la mort*. Paris, Seuil, 1976.
MORSE M. *Des enfants dans la lumière de l'au-delà*. Préface du Dr R. Moody. Paris, Robert Laffont, 1992.
MOSSE CL. *La Grèce archaïque d'Homère à Eschyle*. Paris, Seuil, 1984.
MULLER M. *Mythologie comparée*. Édition établie, présentée et annotée par Pierre Brunel. Paris, R. Laffont, 2002.
NIETZSCHE F. *Ainsi parlait Zarathoustra*. Paris, Mercure de France, 1946.
NIETZSCHE F. *Par delà le bien et le mal*. Paris, Mercure de France, 1991.
NIETZSCHE F. *La volonté de puissance*. Paris, Le livre de Poche, 1991.
NIETZSCHE F. *Ecce Homo*. Clamecy, Laballery, 2011.
NIVEDITA *Vivekananda tel que je l'ai vu*. Paris, Albin Michel, 1951.

ORPHEE *Hymnes. Discours sacrés*. Paris, Imprimerie Nationale, 1995.
OTTO W. *Dionysos, le mythe et le culte*. Paris, Mercure de France, 1969.
OTTO R. *Le Sacré*. Paris, Payot, 1995.
OTTO W. *Les dieux de la Grèce*. Préface de M. Détienne. Paris, Payot et Rivages, 1993.
OVIDE *Les métamorphoses*. Paris, Garnier Frères, 1966.
PAPUS (Dr ENCAUSSE G.) *La réincarnation*. Paris, Dangles, 1953.
PAYOT J. *L'éducation de la volonté*. Paris, Félix Alcan, 1894.
PERRIER J. *L'origine du monde dans les traditions. Cosmogonies universelles et mythes sacrés*. Paris, G. Trédaniel, 1996.
PERRIN J. *L'origine du monde dans les traditions. Cosmogonies universelles et mythes sacrés*. Paris, G. Trédaniel, 1996.
PETER L. *Atlas du monde grec*. Amsterdam, Éditions du Fanal, 1986.
PHILOSTRATE FL. *Traité sur la gymnastique*. Paris, Firmin Didot, 1858.
PINDARE *Œuvres complètes*. Traduites du Grec et présentées par J. P. Savignac. Paris, Éditions de la Différence, 1990.
PLATON *Le Banquet. Phèdre*. Paris, Flammarion, 1964.
PLATON *La République*. Paris, Denoël/Gonthier, 1983.
PLATON *Apologie de Socrate. Criton*. Paris, Pocket, 1994.
PLATON *Les lois*. Paris, Gallimard, 1997.
PYTHAGORE *Les vers d'or*. Paris, Guy Trédaniel, 1979.
RABANNNE P. *Les lumières du bouddhisme. Méditer pour mieux vivre. Entretiens avec Bokar Rimpoché*. Paris, J'ai lu, 1995.
RAHULA W. *L'enseignement du Bouddha*. Paris, Seuil, 1961.
REICH W. *La fonction de l'orgasme*. Paris, L'Arche, 1970.
RENARD H. *L'après-vie. Quatre expériences vécues ici-bas, prouvant la vie après la mort*. Paris, Lebaud, 1995.
RENARD L. *Le cancer apprivoisé. Les ressources insoupçonnées de l'être humain*. Genève, Vivez Soleil, 1996.
RIBOT TH. *Les maladies de la personnalité*. Paris, Alcan 1885.
RIBOT TH. *La logique des sentiments*. Paris, Alcan, 1905.
RICHIR M. *La naissance des dieux*. Paris, Hachette, 1998.
RING K. *Sur les frontières de la vie*. Préface du Dr R. Moody. Paris, Robert Laffont, 1982.

RING K. *En route vers oméga*. Paris, Robert Laffont, 1991.
ROUGEMONT D. *Les mythes de l'amour*. Paris, A. Michel, 1996.
ROUHET DR M. DESBONNET ED. *L'art de créer le pur sang humain*. Paris, Berger Levrault, 1905.
SALLES C. *Quand les dieux parlaient aux hommes. Introduction aux mythologies grecque et romaine*. Paris, Tallandier, 2003.
SATPREM *Mère. Le Matérialisme Divin*. Paris, Robert Laffont, 1976.
SATPREM *Mère. L'Espèce Nouvelle*. Paris, Robert Laffont, 1976.
SATPREM *Mère. La Mutation de la Mort*. Paris, Robert Laffont, 1976.
SATPREM *Le mental des cellules*. Paris, Robert Laffont, 1981.
SCHNETZLER J.P. *La méditation bouddhique, bases théoriques et techniques*. Paris, Dervy-Livres, 1979.
SCHNETZLER J. P. *De la mort à la vie. Dialogue Orient Occident sur la transmigration*. Paris, Dervy-Livres, 1995.
SCHNETZLER J. P. *Corps, Âme, Esprit par un bouddhiste*. Grenoble, Le Mercure Dauphinois, 2002.
SCHULTZ J.H. *Le training autogène*. Paris, PUF, 1974.
SCHURE Ed. *L'évolution divine du Sphinx au Christ*. Monaco, Éditions du Rocher, 1981.
SCHURE Ed *Les Grands Initiés*. Paris, Pocket, 1983.
SÉCHAN L. *Le mythe de Prométhée*. Paris, PUF, 1951.
SECOND L. *La Sainte Bible*. Genève, Paris, Marseille, La Maison de la Bible, 1942.
SOGYAL R. *Le livre tibétain de la vie et de la mort*. Paris, La Table Ronde, 1993.
SOREL R. *Chaos et éternité. Mythologie et philosophie grecques de l'Origine*. Paris, Les Belles Lettres, 2006.
SOUZENELLE A. *L'arc et les flèches. Merveilles de l'Éros*. Paris, A. Michel, 2003.
STEVENSON I. *Les enfants qui se souviennent de leurs vies antérieures*. Paris, Sand, 1994.
SUZUKI D.T. *Introduction au bouddhisme zen*. Préface de C.G.Jung. Paris, Buchet Chastel, 1978.
SUZUKI D.T. *Essai sur le bouddhisme zen*. Paris, Albin Michel, 1940-43.
SUZUKI D.T. *Le non-mental selon la pensée zen*. Paris, Le courrier du livre, 1970.

SUZUKI S. *Esprit zen, esprit neuf.* Paris, Seuil, 1977.
SUZUKI/FROMM/MARTINO *Bouddhisme zen et psychanalyse.* Paris, PYF, 1981.
TEILHARD de CHARDIN *L'énergie humaine.* Paris, Seuil, 1931.
THUILLIER J. P. *Les jeux athlétiques dans la civilisation étrusque.* Paris, Diffusion de Boccard, 1985.
TRUNGPA Ch. *Pratique de la voie tibétaine. Au-delà du matérialisme spirituel.* Paris, Seuil 1976.
TRUNGPA Ch. *Le mythe de la liberté et la voie de la méditation.* Paris, Seuil, 1979.
TRUNGPA Ch. *Shambhala. La voie du guerrier.* Paris, Seuil, 1990.
TSUDA I. *École de la respiration.* Paris, Le courrier du livre, 9 tomes :
    1 *Le non faire.* 1973.
    2 *La voie du dépouillement.* 1875.
    3 *La science du particulier.* 1976.
    4 *Un.* 1978.
    5 *Le dialogue du silence.* 1979.
    6 *Le triangle instable.* 1980.
    7 *Même si je ne pense pas je suis.* 1981.
    8 *La voie des dieux.* 1982.
    9 *Face à la science.* 1983.
ULMANN J. *De la gymnastique aux sports modernes.* Paris, PUF, 1965.
VAN LYSEBETH A. *Pranayama. La dynamique du souffle.* Paris, Flammarionn, 1971.
VERNANT J.P. *Mythe et pensée chez les Grecs.* Paris, Maspero, 1965.
VERNANT J. P. *Mythe et société en Grèce ancienne.* Paris, F. Maspero, 1981.
VERNANT J. P. *Mythe et religion en Grèce ancienne.* Paris, Seuil, 1990.
VERNANT J. P. *L'Univers. Les Dieux. Les Hommes.* Paris, Seuil, 1999.
VERNANT J. P. *Ulysse suivi de Persée.* Paris, Bayard, 2004.
VERNANT J. P. *Pandora, la première femme.* Paris, Bayard, 2006.

VERNANT J.P. *Les origines de la pensée grecque*. Paris, PUF, (10 962) 2012.
VERNANT J.P. *L'individu, la mort, l'amour*. Paris, Gallimard, 1989.
VERNANT J.P. *La mort dans les yeux. Figure de l'autre en Grèce ancienne.* Paris, Seuil, 1996.
VEYNE P. *Les Grecs ont-ils cru à leurs mythes*. Paris, Seuil, 1983.
VITTOZ Dr R. *Traitement des psychonévroses par la rééducation du contrôle cérébral*. Paris, Baillière, 1911.
WALLON H. *De l'acte à la pensée*. Paris, Flammarion (1942) 1970
WATTS A. *Amour et connaissance. Une nouvelle manière de vivre*. Paris, Denoël/Gonthier, 1977.
WEBER M. *Sociologie des religions*. Paris, Gallimard, 2000.
ZIMMER H. *Le roi et le cadavre*. Paris, Fayard, 1972.

PHILOSOPHIE
AUX ÉDITIONS L'HARMATTAN

Dernières parutions

DE L'UNIVERS ÉTERNEL À L'ÉTERNITÉ DE L'HOMME
Jean-Jack Micalef
Cet ouvrage retrace l'odyssée de l'univers et celle du devenir de l'Esprit incarné dans l'homme. L'auteur postule un univers éternel n'ayant jamais fait l'objet d'une création. Il s'oppose à la cosmologie du Big Bang qui s'inscrirait dans la tradition religieuse d'une genèse du monde. Un univers éternel permet de penser l'essence éternelle de l'homme dont la naissance ne serait plus exceptionnelle dans le cosmos. En effet, le sens général de l'évolution aurait une seule finalité : accoucher de l'Esprit pour que l'univers se comprenne lui-même à travers l'esprit de l'homme.
(Coll. Ouverture Philosophique, 230 p., 24,5 euros)
ISBN : 978-2-343-16813-5, EAN EBOOK : 9782140115073

AUGUSTE COMTE
La religion de l'Humanité : l'échec d'une transmission
Florian Uzan
Auguste Comte fut un grand philosophe, concepteur de la sociologie, du positivisme et de la théorie des trois états. On oublie cependant qu'il fut aussi à l'origine d'une religion personnelle, un culte des morts destiné à relier et rallier l'humanité tout entière. Mais que reste-t-il de son oeuvre ? Si son influence quasi mondiale n'est plus à démontrer, comment expliquer l'échec de sa religion ?
(Coll. Ouverture Philosophique, 288 p., 29 euros)
ISBN : 978-2-343-16499-1, EAN EBOOK : 9782140114533

DÉCONSTRUIRE L'IMPOSTURE IDENTITAIRE
Humanisme et éthique de la déconstruction
Hamdou Rabby Sy
Ce livre invite à ne jamais céder à la tentation du repli identitaire avec tous ses dérivés sectaires. Comme opium de toutes les sociétés, le repli identitaire est un péril mondial. Cette tentation inspire toutes les formes de haine, d'exclusion, d'intolérance. D'où l'urgence de renouer avec ce qui constitue l'identité humaine dans l'expression de sa dignité : penser. Et cela à partir de la déconstruction, pour porter un message d'espoir et d'avenir pour une humanité vivante et solidaire. Oser déconstruire est le seul impératif devant les périls de l'identitaire. Déconstruire, c'est nourrir la conviction et l'engagement pour l'impossible, condition de l'horizon de tous les possibles.
(Coll. Ouverture Philosophique, 236 p., 24 euros)
ISBN : 978-2-343-16825-8, EAN EBOOK : 9782140114915

MÉLANGES PHILOSOPHIQUES VOLUME 3
Christophe Yahot
Ce volume III se veut un creuset et un lieu de ralliement de recherches transdisciplinaires sur les problématiques contemporaines. En témoignent les débats sur les enjeux de la monarchie, de l'adaptation des médias au numérique, l'esthétique alimentaire. La vigueur scientifique des auteurs tient pour beaucoup à leurs capacités d'ouvrir des perspectives innovantes dans cette conjoncture de crises de la modernité. Les uns nous conduisent aux sources de la spiritualité pour le devenir de l'humain ; les autres nous invitent à explorer les pistes de la « philosophie éco-citoyenne » pour un développement durable.
(Coll. Harmattan Côte-d'Ivoire, 214 p., 22 euros)
ISBN : 978-2-343-16798-5, EAN EBOOK : 9782140114700

BOÎTES NOIRES ET GILETS JAUNES
Regards croisés sur la socialité à l'ère de l'anthropocène
Sous la direction de Jean-François Petit, Vincent Puig, Vincent Laquais
La période actuelle de l'anthropocène se caractérise par un bouleversement des équilibres systémiques. Cette situation nouvelle analysée par l'IRI et Ars Industrialis fait apparaître des questions nouvelles qui concernent, notamment, les réseaux sociaux, l'architecture du web, la gouvernementalité algorithmique, la contribution comme question politique, technologique et économique. Ces analyses croisent celles élaborées pendant trois ans au sein du groupe PHILOPRAT concernant l'identité collective dans une société d'individus, le statut des émotions et des peurs, l'enjeu des normes, le posthumanisme et le transhumanisme, le Buen Vivir et la capacitation, les Biens communs et les Commons.
(Coll. Ouverture Philosophique, 258 p., 26 euros)
ISBN : 978-2-343-16932-3, EAN EBOOK : 9782140114526

DARYUSH ASHOURI
Un intellectuel hétérodoxe iranien
Mohsen Mottaghi, Reza Rokoee
Préface de Farhad Khosrokhavar
Daryush Ashouri fait partie des intellectuels laïques qui s'appuient sur une tradition philosophique occidentale, pour éclairer quelques aspects des problèmes de la société iranienne. Ce livre se propose de mettre à la disposition des lecteurs francophones la traduction de quelques-uns de ses textes représentatifs des problématiques qui ont mobilisé les milieux intellectuels en Iran durant les cinquante dernières années. En regardant la trajectoire intellectuelle de Daryush Ashouri, on constate qu'il fait partie des quelques rares intellectuels iraniens qui ne se sont pas laissé influencer par les deux orthodoxies de leur époque que sont le marxisme et la religion musulmane.
(Coll. L'Iran en transition, 254 p., 25 euros)
ISBN : 978-2-343-16665-0, EAN EBOOK : 9782140112232

CROYANCE ET SOUMISSION
De la critique de la religion à la critique sociale
Réflexions à partir de Spinoza et Freud
Marie-Pierre Frondziak

Nous nous croyions sortis de la soumission. Pourtant, nous devons constater un retour en force de toutes les formes d'acceptation à des injonctions extérieures. Contre l'idée de servitude volontaire, l'auteur se propose, partant de Spinoza et de Freud, de comprendre ce qu'est l'essence même de la soumission et comment elle produit des croyances, dont les plus puissantes sont religieuses. Le progrès du savoir devait détruire les superstitions et donc l'asservissement. On propose ici l'inverse : c'est parce qu'ils sont d'abord soumis à leurs propres affects que les hommes croient en des superstitions. Seule la connaissance de cette mécanique affective peut laisser espérer une libération.

(Coll. Ouverture Philosophique, 212 p., 21,5 euros)
ISBN : 978-2-343-16365-9, EAN EBOOK : 9782140112379

À QUOI SERT LA CULTURE ?
Gilles Lévêque

La culture classique qui, pendant des siècles a nourri et élevé les esprits, était fondée sur une conception de l'homme désormais morte, notamment d'avoir subi les assauts de la science et du capitalisme. Elle n'est pourtant pas sans avoir laissé une héritière, à savoir la culture dite exigeante, celle qui est aujourd'hui diffusée dans les structures culturelles, mais dont on ne voit plus quelle fonction on pourrait lui assigner. Cette culture exigeante ne serait-elle au fond rien d'autre qu'un divertissement raffiné pour personnes distinguées ? Se réduirait-elle à n'être que l'expression identitaire, sans vérité ni universalité, d'un groupe social parmi tant d'autres ? Sa prétention à nous éclairer sur le monde et sur la vie ne serait-elle qu'une illusion ? Faudrait-il lui préférer la culture de masse, qui pour sa part échappe à l'accusation d'élitisme ? Autant de questions auxquelles cet ouvrage entend répondre.

(Coll. Pour Comprendre, 276 p., 28,5 euros)
ISBN : 978-2-343-16894-4, EAN EBOOK : 9782140114243

LA BIOÉTHIQUE AU XXIE SIÈCLE
Sous la direction de Abraham Rudnick. Traduit de l'anglais par Kouider Nizar.
Préface de Bertrand Saint-Sernin

Cet ouvrage traite de questions aussi diverses que la fin de vie, la procréation médicalement assistée, la recherche sur les cellules souches, les nanotechnologies et la bioéthique spéculative. Comment prendre des décisions dans un contexte particulier de fin de vie où le traitement de maintien de vie prolonge la souffrance ? Comment élaborer une éthique des nanotechnologies ? Tels sont quelques-uns des enjeux éthiquement complexes que ce livre examine.

(Coll. Ouverture Philosophique, 288 p., 30 euros)
ISBN : 978-2-343-16924-8, EAN EBOOK : 9782140114281

VIVRE SUR TERRE
Comment dépasser le nihilisme contemporain
Julien Lebrun

En ce début de 21e siècle, malgré les catastrophes écologiques annoncées, aucun changement majeur n'a été mis en place. Nous semblons incapables de prendre en compte ce que les scientifiques ne cessent de nous répéter. Cette inertie ne s'explique pas par l'absence de solutions. Cette passivité repose en réalité sur notre conception du monde. Depuis l'avènement de la science moderne, nous percevons notre environnement comme un support inerte, taillable et corvéable à merci. Notre modèle social repose ainsi sur le déni d'une réalité pourtant évidente : nous n'existons pas sans environnement. Reprendre conscience de ce que nous sommes - comme du monde dans lequel nous vivons - constitue donc l'enjeu majeur de ce siècle. Il est temps de réapprendre à vivre sur terre.

(Coll. Questions contemporaines, 230 p., 23,5 euros)
ISBN : 978-2-343-16111-2, EAN EBOOK : 9782140112584

EDITH STEIN
De l'idéologie à la foi
Enoch Tompte-Tom

Avec Edith Stein, nous entrons dans une dimension où la quête de la foi n'est pas exclusivement du domaine de la philosophie ni de la théologie. Pour mieux comprendre Edith Stein, il n'est pas possible de parler de la foi en philosophie et en théologie en dehors de certains préalables. Ces préalables sont vus sous les approches de philosophes et théologiens afin de souligner la similitude entre la philosophie et la théologie par rapport à la quête de la foi. Le chemin de la croix poursuivi par Edith Stein est un chemin peu ordinaire. Malgré sa sympathie pour la philosophie de Thomas d'Aquin, elle prend position en ce qui concerne la philosophie chrétienne qui doit être envisagée comme une solution à un problème ontologique et épistémologique : celui de la Vérité et de la Foi.

(Coll. Ouverture Philosophique, 210 p., 19,5 euros)
ISBN : 978-2-343-16693-3, EAN EBOOK : 9782140112669

LA SUBSISTANCE
Pour une philosophie de la résurrection
Clotaire Bambi-Kimpoudi

Les questions de l'être, de la vérité, de la liberté, de la méthode et de la mort, qui rebondissent sous des colorations nouvelles, ne nécessitent-elles pas leur reconstruction en leur donnant un sens qui aborde les défis et dilemmes de notre temps ? N'exigent-elles pas de forger, à partir des nouveaux concepts fédérateurs, un système explicatif sur le sens de l'existence, au lieu de s'attarder à commenter et à critiquer les anciens systèmes de pensée ? Ce livre essaie de forger un système explicatif, le « subsistantialisme », qui assigne à la philosophie d'être une philosophie de la résurrection.

(Coll. Harmattan Congo-Brazzaville, 268 p., 27 euros)
ISBN : 978-2-343-16637-7, EAN EBOOK : 9782140112256

Structures éditoriales du groupe L'Harmattan

L'Harmattan Italie
Via degli Artisti, 15
10124 Torino
harmattan.italia@gmail.com

L'Harmattan Hongrie
Kossuth l. u. 14-16.
1053 Budapest
harmattan@harmattan.hu

L'Harmattan Sénégal
10 VDN en face Mermoz
BP 45034 Dakar-Fann
senharmattan@gmail.com

L'Harmattan Mali
Sirakoro-Meguetana V31
Bamako
syllaka@yahoo.fr

L'Harmattan Cameroun
TSINGA/FECAFOOT
BP 11486 Yaoundé
inkoukam@gmail.com

L'Harmattan Togo
Djidjole – Lomé
Maison Amela
face EPP BATOME
ddamela@aol.com

L'Harmattan Burkina Faso
Achille Somé – tengnule@hotmail.fr

L'Harmattan Côte d'Ivoire
Résidence Karl – Cité des Arts
Abidjan-Cocody
03 BP 1588 Abidjan
espace_harmattan.ci@hotmail.fr

L'Harmattan Guinée
Almamya, rue KA 028 OKB Agency
BP 3470 Conakry
harmattanguinee@yahoo.fr

L'Harmattan Algérie
22, rue Moulay-Mohamed
31000 Oran
info2@harmattan-algerie.com

L'Harmattan RDC
185, avenue Nyangwe
Commune de Lingwala – Kinshasa
matangilamusadila@yahoo.fr

L'Harmattan Maroc
5, rue Ferrane-Kouicha, Talaâ-Elkbira
Chrableyine, Fès-Médine
30000 Fès
harmattan.maroc@gmail.com

L'Harmattan Congo
67, boulevard Denis-Sassou-N'Guesso
BP 2874 Brazzaville
harmattan.congo@yahoo.fr

Nos librairies en France

Librairie internationale
16, rue des Écoles – 75005 Paris
librairie.internationale@harmattan.fr
01 40 46 79 11
www.librairieharmattan.com

Lib. sciences humaines & histoire
21, rue des Écoles – 75005 Paris
librairie.sh@harmattan.fr
01 46 34 13 71
www.librairieharmattansh.com

Librairie l'Espace Harmattan
21 bis, rue des Écoles – 75005 Paris
librairie.espace@harmattan.fr
01 43 29 49 82

Lib. Méditerranée & Moyen-Orient
7, rue des Carmes – 75005 Paris
librairie.mediterranee@harmattan.fr
01 43 29 71 15

Librairie Le Lucernaire
53, rue Notre-Dame-des-Champs – 75006 Paris
librairie@lucernaire.fr
01 42 22 67 13